中国铁建股份有限公司企业标准

中低速磁浮交通维护规范

Regulations for Maintenance of Medium and Low Speed Maglev Transit

Q/CRCC 32808—2019

主编单位：中铁磁浮交通投资建设有限公司
批准单位：中国铁建股份有限公司
施行日期：2020 年 5 月 1 日

人民交通出版社股份有限公司
2019·北京

图书在版编目（CIP）数据

中低速磁浮交通维护规范/中铁磁浮交通投资建设有限公司主编. — 北京：人民交通出版社股份有限公司，2019.12

ISBN 978-7-114-16092-9

Ⅰ.①中… Ⅱ.①中… Ⅲ.①磁浮铁路—维修—技术规范 Ⅳ.①U237-65

中国版本图书馆 CIP 数据核字（2019）第 280022 号

标准类型：中国铁建股份有限公司企业标准
标准名称：中低速磁浮交通维护规范
标准编号：Q/CRCC 32808—2019
主编单位：中铁磁浮交通投资建设有限公司
责任编辑：曲　乐　吴燕伶
责任校对：孙国靖　魏佳宁
责任印制：张　凯
出版发行：人民交通出版社股份有限公司
地　　址：(100011) 北京市朝阳区安定门外外馆斜街 3 号
网　　址：http://www.ccpress.com.cn
销售电话：(010) 59757973
总 经 销：人民交通出版社股份有限公司发行部
经　　销：各地新华书店
印　　刷：北京印匠彩色印刷有限公司
开　　本：880×1230　1/16
印　　张：6
字　　数：120 千
版　　次：2019 年 12 月　第 1 版
印　　次：2020 年 6 月　第 2 次印刷
书　　号：ISBN 978-7-114-16092-9
定　　价：47.00 元

(有印刷、装订质量问题的图书，由本公司负责调换)

序　一

2016年5月6日，由中国铁建独家承建的我国首条中低速磁浮商业运营线——长沙磁浮快线开通试运营。长沙磁浮快线是世界上最长的中低速磁浮线，是我国磁浮技术工程化、产业化的重大自主创新项目，荣获我国土木工程领域工程建设项目科技创新的最高荣誉——中国土木工程詹天佑奖。长沙磁浮快线是中国铁建独创性采用"投融资＋设计施工总承包＋采购＋研发＋制造＋联调联试＋运营维护＋后续综合开发"模式的建设项目，其建成标志着我国在中低速磁浮工程化应用领域走在了世界前列，也标志着中国铁建成为中低速磁浮交通的领跑者和代言人。

我国已进入全面建成小康社会的决定性阶段，正处于城镇化深入发展的关键时期，亟待解决经济发展、城市交通、能源资源和生态环境等问题，而中低速磁浮交通具有振动噪声小、爬坡能力强、转弯半径小等优势，业已成为市内中低运量轨道交通、市郊线路和机场线、旅游专线等的有力竞争者。以中低速磁浮交通为代表的新型轨道交通是中国铁建战略规划"7＋1"产业构成中新兴产业、新兴业务重点布局新兴领域之一，也是中国铁建产业转型升级、打造"品质铁建"、实现高质量发展的切入点之一。2018年4月，中国铁建开展了中低速磁浮标准体系建设工作，该体系由15项技术标准组成，包括1项基础标准、9项通用标准和5项专用标准，涵盖勘察、测量、设计、施工、验收、运营和维护全过程、全领域；系列标准立足总结经验、标准先行、补齐短板、填补空白，立足系统完备、科学规范、国内一流、国际领先，立足推进磁浮交通技术升级、交通产业发展升级和人民生活品质提升。中低速磁浮系列标准的出版，必将为中国铁建新型轨道交通发展提供科技支撑力并提升中国铁建核心竞争力。

希望系统内各单位以中低速磁浮系列标准出版为契机，进一步提升新兴领域开拓战略高度，强化新兴业务专有技术培育，加快新兴产业标准体系建设，以为政府和业主提供综合集成服务方案为托手，以"旅游规划、基础配套、产业开发、交通工程勘察设计、投融资、建设、运营"一体化为指导，全面推动磁浮、单轨、智轨等新型轨道交通发展，为打造"品质铁建"做出新的更大贡献！

董事长：　　　　　　　　总裁：

中国铁建股份有限公司
2019年12月

序 二

建设更安全可靠、更节能环保、更快捷舒适的轨道交通运输系统，一直都是人类追求的理想和目标。为此，我国自 20 世纪 80 年代以来积极倡导、投入开展中低速常导磁浮列车技术的研究。通过对国外先进技术的引进、消化、吸收以及自主创新，利用高校、科研院所及设计院等企业的协调合作，我国逐步研发了各种常导磁浮试验模型车，建设了多条厂内磁浮列车试验线，实现了载人运行试验，标志着我国在中低速常导磁浮列车领域的研究已跨入世界先进国家的行列，并从基础性技术研究迈向磁浮产业化。

国内首条中低速磁浮商业运营线——长沙磁浮快线于 2014 年 5 月开建，开启了国内中低速磁浮交通系统从试验研究到工程化、产业化的首次尝试，实现了国内自主设计、自主制造、自主施工、自主管理的中低速磁浮商业运营线零的突破。建成通车时，我倍感欣慰，不仅是因为我的团队参与了建设，做出了贡献，更因为中低速磁浮交通走进了大众的生活，让市民感受到了磁浮的魅力，让国人的磁浮梦扬帆起航。

在我国磁浮技术快速发展的基础上，中国工程院持续支持了中低速磁浮、高速磁浮、超高速磁浮发展与战略研究三个重点咨询课题。三个课题详细总结了我国磁浮交通的发展现状、发展背景，给出了我国磁浮交通的发展优势、发展路径、发展战略等建议。同时，四年前，在我国已掌握了中低速磁浮交通的核心技术、特殊技术、试验验证技术和系统集成技术，并且具备了磁浮列车系统集成、轨道制造、牵引与供电系统装备制造、通信信号系统装备制造和工程建设的能力的大背景下，我联合多名中国科学院院士、中国工程院院士、大学教授署名了一份《关于加快中低速磁浮交通推广应用的建议》，希望中低速磁浮交通上升为国家战略新兴产业。

两年前，国内首条旅游专线——清远磁浮旅游专线获批开建，再次推动了中低速磁浮交通的产业化发展，拓展了其在旅游交通领域的应用。

现在，我欣慰地看到，第一批中国铁建中低速磁浮工程建设企业标准已完成编制，内容涵盖了工程勘察、设计、施工、验收建设全过程以及试运营、运营、检修维护全领域，结构合理、内容完整，体现了中低速磁浮交通标准体系的系统性和完整性，体现更严、更深、更细的企业技术标准要求。一系列标准的发布，凝聚了众多磁浮人的智慧结晶，对推动我国中低速磁浮交通事业的发展、实现"交通强国"具有重要的意义。

磁浮交通一直在路上、在奔跑，具有绿色环保、安全性高、舒适性好、爬坡能力强、转弯半径小、建设成本低、运营维护成本低等优点，拥有完全自主知识产权的中低速磁浮交通也是未来绿色轨道交通的重要形式。磁浮人应以国际化为目标，以产业化为支撑，以市场化为指导，以工程化为载体，实现我国磁浮技术的发展和应用。

作为磁浮交通科研工作者中的一员，我始终坚信磁浮交通有着广阔的发展前景，也必将成为我国轨道交通事业的"国家新名片"。

中国工程院院士：

2019 年 11 月

中国铁建股份有限公司文件

中国铁建科技〔2019〕165号

关于发布《中低速磁浮交通术语标准》等 15 项中国铁建企业技术标准的通知

各区域总部，所属各单位：

现批准发布《中低速磁浮交通术语标准》（Q/CRCC 31801—2019）、《中低速磁浮交通岩土工程勘察规范》（Q/CRCC 32801—2019）、《中低速磁浮交通工程测量规范》（Q/CRCC 32802—2019）、《中低速磁浮交通设计规范》（Q/CRCC 32803—2019）、《中低速磁浮交通信号系统技术规范》（Q/CRCC 33802—2019）、《中低速磁浮交通供电系统技术规范》（Q/CRCC 33803—2019）、《中低速磁浮交通接触轨系统技术标准》（Q/CRCC 33805—2019）、《中低速磁浮交通车辆基地设计规范》（Q/CRCC 33806—2019）、《中低速磁浮交通土建工程施工技术规范》（Q/CRCC 32804—2019）、《中低速磁浮交通机电工程施工技术规范》（Q/CRCC 32805—2019）、《中低速磁浮交通工程施工质量验收标准》（Q/CRCC 32806—2019）、《中低速磁浮交通试运营基本条件》（Q/CRCC 32807—2019）、《中低速磁浮交通车辆检修规程》（Q/CRCC 33804—2019）、《中低速磁浮交通运营管理规范》（Q/CRCC 32809—2019）和《中低速磁浮交通维护规范》（Q/CRCC 32808—2019），自 2020 年 5 月 1 日起实施。

15 项标准由人民交通出版社股份有限公司出版发行。

中国铁建股份有限公司
2019 年 11 月 18 日

中国铁建股份有限公司办公厅　　　　　　　2019 年 11 月 18 日印发

前　言

本规范按照 GB/T 1.1—2009 和 GB/T 20001.6—2017 起草。

本规范由中铁磁浮交通投资建设有限公司提出并归口。

本规范根据中国铁建股份有限公司《关于发布〈中低速磁浮交通术语标准〉等 15 项中国铁建企业技术标准的通知》（中国铁建科技〔2019〕165 号）的要求，由中铁磁浮交通投资建设有限公司会同有关单位编制完成。

本规范由中国铁建股份有限公司科技创新部负责管理，由中铁磁浮交通投资建设有限公司负责具体技术内容的解释。

主 编 单 位： 中铁磁浮交通投资建设有限公司

参 编 单 位： 中铁第五勘察设计院集团有限公司
中铁十一局集团有限公司
中铁十八局集团有限公司
中铁二十三局集团有限公司
中国铁建电气化局集团有限公司
中国铁建重工集团有限公司
清远磁浮交通有限公司

主要起草人员： 谢海林　鄢巨平　张家炳　别碧勇　宗凌霄　李伟强　张记清
陈美全　任继红　徐浩然　李庆斌　谭　斌　刘延龙　张亚军
王丽丽　周　文　余鹏成　王国军　吕定果　何明明

主要审查人员： 谷建辉　张　琨　马卫华　王永刚　张立青　胡华斌　涂振华
熊哲辉　郑　武

目　次

1　范围 ………………………………………………………………………………… 1
2　规范性引用文件 …………………………………………………………………… 2
3　术语和定义 ………………………………………………………………………… 3
4　桥涵、隧道与低置结构 …………………………………………………………… 6
　4.1　一般规定 ……………………………………………………………………… 6
　4.2　常规检查 ……………………………………………………………………… 6
　4.3　定期检查 ……………………………………………………………………… 7
　4.4　专项检查 ……………………………………………………………………… 8
　4.5　状态评定 ……………………………………………………………………… 8
　4.6　日常养护 ……………………………………………………………………… 9
　4.7　综合维修 ……………………………………………………………………… 9
　4.8　大修 …………………………………………………………………………… 10
5　轨道 ………………………………………………………………………………… 11
　5.1　一般规定 ……………………………………………………………………… 11
　5.2　常规检查 ……………………………………………………………………… 11
　5.3　定期检查 ……………………………………………………………………… 12
　5.4　专项检查 ……………………………………………………………………… 14
　5.5　状态评定 ……………………………………………………………………… 14
　5.6　日常养护 ……………………………………………………………………… 15
　5.7　综合维修 ……………………………………………………………………… 16
　5.8　大修 …………………………………………………………………………… 19
6　磁浮道岔 …………………………………………………………………………… 20
　6.1　一般规定 ……………………………………………………………………… 20
　6.2　常规检查 ……………………………………………………………………… 21
　6.3　定期检查 ……………………………………………………………………… 23
　6.4　大修 …………………………………………………………………………… 24
7　接触轨系统 ………………………………………………………………………… 26
　7.1　一般规定 ……………………………………………………………………… 26
　7.2　日常养护 ……………………………………………………………………… 26
　7.3　月检 …………………………………………………………………………… 27
　7.4　半年检 ………………………………………………………………………… 29

7.5	年检	32
7.6	大修	35
7.7	维护验收	36

8 信号系统 38
8.1 一般规定 38
8.2 日常养护 38
8.3 中修 41
8.4 大修 42

附录 A 桥涵、隧道与低置结构记录表 43
附录 B 桥梁状态评定 46
附录 C 涵洞、隧道和低置结构状态评定 51
附录 D 线路标准表 57
附录 E 轨道维护相关施工流程图 60
附录 F 道岔专业检查维护记录表 68
附录 G 接触轨设备数值表 72
附录 H 接触轨记录表 73
附录 I 接触轨维护周期表 74
附录 J 信号维护规范表 78

Contents

1 **Scope** ·· 1
2 **Normative Reference Document** ·· 2
3 **Terms and Definitions** ·· 3
4 **Bridge and Culvert, Tunnel and At-ground Structure** ·· 6
    4.1 General Provisions ··· 6
    4.2 Routine Examination ·· 6
    4.3 Periodic Inspection ·· 7
    4.4 Special Inspection ·· 8
    4.5 Status Assessment ··· 8
    4.6 Daily Maintenance ··· 9
    4.7 Integrated Maintenance ·· 9
    4.8 Overhaul ··· 10
5 **Rail** ·· 11
    5.1 General Provisions ··· 11
    5.2 Routine Examination ·· 11
    5.3 Periodic Inspections ··· 12
    5.4 Special Inspection ·· 14
    5.5 Status Assessment ··· 14
    5.6 Daily Maintenance ··· 15
    5.7 Integrated Maintenance ·· 16
    5.8 Overhaul ··· 19
6 **Maglev Turnout** ··· 20
    6.1 General Provisions ··· 20
    6.2 Routine Examination ·· 21
    6.3 Periodic Inspections ··· 23
    6.4 Overhaul ··· 24
7 **Contact Rail System** ··· 26
    7.1 General Provisions ··· 26
    7.2 Daily Maintenance ··· 26
    7.3 Monthly Inspection ·· 27
    7.4 Semi-annual Inspection ··· 29

7.5 Annual Inspection ··· 32
7.6 Overhaul ··· 35
7.7 Maintenance and Acceptance ··· 36
8 Signal System ··· 38
8.1 General Provisions ··· 38
8.2 Daily Maintenance ··· 38
8.3 Medium Repair ·· 41
8.4 Overhaul ··· 42
Appendix A Bridge and Culvert, Tunnel and At-ground Structure Record Table ······ 43
Appendix B Bridge Status Evaluation ·· 46
Appendix C State Assessment of Culverts, Tunnels and At-ground Structures ······ 51
Appendix D Line Standard Table ·· 57
Appendix E Track Maintenance-Related Construction Flow Chart ················· 60
Appendix F Inspection and Maintenance Record of Turnout ························ 68
Appendix G Contact Rail Equipment Numerical Table ·································· 72
Appendix H Contact Rail Record Table ··· 73
Appendix I Periodic Table for Maintenance of Contact Rail ························ 74
Appendix J Signal Maintenance Specification Table ····································· 78

1 范围

1.0.1 本规范规定了中低速磁浮交通路基、桥梁、轨道、道岔、接触轨系统、信号系统等重要设施设备的维护要求，并给出了相关要求的计算方法和记录表格模板。

条文说明

本规范涵盖的桥涵、隧道、低置结构、轨道、道岔、接触轨系统、信号系统等之外的其他设备设施维护，按照《城市轨道交通运营管理规范》（JT/T 1218）相关要求执行。

1.0.2 本规范适用于最高运行速度不大于120km/h的中低速磁浮交通维护。

2 规范性引用文件

下列文件中的条款通过本规范的引用而成为本规范的条款。其中，注日期的引用文件，仅注日期的版本适用于本规范；不注日期的引用文件，其最新版本及所有的修改均适用于本规范。

GB/T 30012—2013　城市轨道交通运营管理规范
JT/T 1218　城市轨道交通运营设备维修与更新技术规范
CJJ/T 255—2017　中低速磁浮交通运行控制技术规范
CJJ/T 256—2016　中低速磁浮交通供电技术规范
CJJ/T 262—2017　中低速磁浮交通设计规范
CJJ/T 412—2012　中低速磁浮交通道岔系统设备技术条件
CJJ/T 413-2012　中低速磁浮交通轨排通用技术条件

3 术语和定义

3.0.1 中低速磁浮交通　medium and low speed maglev transit

采用直线异步电机驱动，定子设在车辆上的常导磁浮轨道交通。

3.0.2 中低速磁浮交通设施　medium and low speed maglev transit facilities

本规范中的中低速磁浮交通设施包括线路、隧道、桥梁、车站、路基、车辆段和停车场。

3.0.3 运营设备　operation equipment

为安全有效运送乘客而组织开展的一系列活动所使用的设备，包括车辆系统、供电系统、通信系统、信号系统、自动售检票系统、乘客信息系统、环境与设备监控系统、站台门、综合监控系统、电梯、通风空调系统、给排水系统、动力与照明系统、火灾自动报警及气体灭火系统等。

3.0.4 日常维护　routine maintenance

为及时了解和掌握设备设施状态及变化程度，对设备设施实施的清扫、外观检查、状态检查、功能检查、润滑、调整、消耗件更换、系统优化、数据备份等日常维护作业。

3.0.5 定期检查　periodic inspection

为定期掌握设备设施状态及变化程度，按规定周期对设备设施进行的综合、全面细致的检查活动。

3.0.6 专项检查　special inspection

根据设备设施状态的需要，通过专业技术手段对设备设施损害进行的专门、深入的特定检查和检测。

3.0.7 状态评定　condition assessment

根据日常检查、定期检查、专项检查的结果，对设备设施进行的分项判定、专项评定和综合评定。

3.0.8 计划修　scheduled maintenance
根据设备设施的平均失效间隔时间，确定设备设施的维修周期和维修计划的维修模式。

3.0.9 状态修　condition-based maintenance
根据设备设施的检测和诊断结果，掌握设备设施的性能和完好状态，然后进行综合分析和评价，最终做出检修计划和决策的维修模式。

3.0.10 临时补修　temporary repair
对线路轨道超过容许偏差管理值的几何尺寸及其他不良处所进行的临时性修理，以保证行车安全和平稳。

3.0.11 大修　overhaul
根据设备设施状态评定的结果，对设备设施进行的投资较大的大规模整治或者部件更换工作，以恢复设备设施使用功能，达到原设计技术要求。

3.0.12 合格状态　acceptable status
设备设施能够正常运用、满足功能需求的状态。

3.0.13 BCI　bulk commodity index
表征桥梁、涵洞、隧道和低置结构结构完好程度的状态指数。

3.0.14 中低速磁浮道岔　medium and low speed maglev turnout
中低速磁浮线路的转线设备，由主体结构、驱动、锁定、控制等部分组成。其主体结构梁由三段钢结构梁构成，每段钢结构梁依次围绕三个实际点旋转实现转线。按照结构组成和功能状态，可分为单开道岔、对开道岔、三开道岔、多开道岔、单渡线道岔和交叉渡线道岔。

3.0.15 轨排　track panel
由F型导轨、轨枕、连接件及紧固件等组成，是中低速磁浮线路的基本单元。

3.0.16 承轨梁　supporting-track beam
设置在隧道、路基或桥梁上，用于支承轨道结构，安装接触轨，实现中低速磁浮车辆抱轨运行的结构物。

3.0.17 低置结构　at-ground structure
路基与设置在路基之上的承轨梁组成的结构物。

3.0.18　F型钢　F type steel
断面为F形状的中低速磁浮轨道专用型钢。

3.0.19　感应板　reaction plate
车辆牵引用直线异步电机次级的组成部分，是非磁性导电材料，安装在F型钢上。

3.0.20　F型导轨　F type rail
一种承受磁浮车辆悬浮力、导向力及牵引力的基础构件，由F型钢和感应板组成。

3.0.21　轨距　track gauge
轨道两侧F型导轨悬浮检测面中心线之间的距离。

3.0.22　侧部受流接触轨系统　side contact rail system
通过受电靴向磁浮列车提供牵引直流电源和进行回流的导电轨和供电连接装置，一般安装在承轨梁侧面的接触轨，简称接触轨系统。

4 桥涵、隧道与低置结构

4.1 一般规定

4.1.1 桥涵、隧道、低置结构的维护应包括常规检查、定期检查、专项检查、状态评定、日常养护、综合维修、大修。

4.1.2 所有检查均应有详细的书面记录，并应经过相关方签字确认。

4.2 常规检查

4.2.1 桥涵、隧道、低置结构常规检查的方法主要是巡视。巡视发现问题应及时处理并做记录，不能及时处理的状况应进行影像记录，突发事件应进行处理、报警和报告。

4.2.2 桥梁线上巡视内容应包括：梁体、封锚端有无明显裂纹、掉块、露筋；桥面系防排水情况；有无侵入限界的杂物、绿色植物；疏散平台、声屏障锈蚀情况；冰雪堆积情况。

4.2.3 桥梁线下巡视内容应包括：主体结构标志是否清晰完整；墩台有无明显裂纹、掉块、露筋、腐蚀；支座锚栓有无断裂，垫石混凝土是否出现开裂，墩台维护结构是否锈蚀；混凝土主体结构是否发生冻害；基础有无积水。

4.2.4 涵洞巡视内容应包括：主体结构有无明显裂纹、掉块、露筋、腐蚀；端墙、翼墙、护锥是否变形、破损；主体结构有无错位，排水是否通畅；相邻连接有无堵塞。

4.2.5 隧道巡视内容应包括：主体结构有无明显裂纹、渗水，衬砌混凝土是否腐蚀、掉块、错牙；隧道内有无垃圾，沟盖板有无破裂；端墙、翼墙、护锥有无破损；防水是否完好，排水是否通畅；疏散平台有无异常，疏散标志是否符合要求。

4.2.6 低置结构巡视内容应包括：结构物标志是否清晰、完整；路基面防水有无破损，路基面有无明显的塌陷，是否有冰雪堆积；有无山体滑坡迹象，两侧排水设施是否完好、通畅；路基防护网栏有无破损、倾斜，挡护结构有无明显裂纹；绿化是否符合要求，绿色植物是否侵限。

4.2.7 检查人员应配备望远镜、卷尺、塞尺、照相机、铁锹等工具，同时应携带记录本。

4.2.8 检查人员应对结构物病害进行记录、甄别、归类、上报，能及时纠正、清除、维修的病害应立即处理。

4.2.9 宜结合工程实际情况确定桥涵、隧道、低置结构巡检周期，线下设备设施巡检应达到周覆盖，轨道、疏散平台等线上设备设施巡检应达到48h内覆盖，汛期应对桥梁防排水设施加大检查力度。

4.2.10 常规检查宜按本规范附录A中表A.1填写检查记录。

4.3 定期检查

4.3.1 桥涵、隧道、低置结构定期检查应采用测量的方法，通过对比竣工文件和工程质量验收规范检查偏差情况，并对结构物的稳定性做出周期性判定。

4.3.2 桥涵定期检查内容应包括：桥梁的沉降情况，梁体挠度、梁缝宽度；支座位移情况，垫石混凝土裂纹宽度、深度、长度；墩台裂纹的宽度、深度、长度变化；墩台维护结构锈蚀及裂纹宽度、深度、长度变化；涵洞主体结构裂纹的宽度、深度、长度变化；主体结构错牙、位移、腐蚀情况。

4.3.3 隧道检查内容应包括：隧道几何尺寸变化；主体结构裂纹的宽度、深度、长度变化；主体结构腐蚀、错牙、沉降、渗水量及渗水面的变化。

4.3.4 低置结构检查内容应包括：路基结构的外观尺寸变化，沉降量变化；排水设施的坡度变化，外观形态变化；挡护结构在水平方向和垂直方向的尺寸变化；主体结构裂纹的长度、深度、宽度变化。

4.3.5 定期检查人员应配备全站仪、长波检测仪、水平仪、卷尺、弦线（10m弦和4m弦）、塞尺、超声波检测仪、裂纹宽度检测仪、照相机等工具，同时应携带记录本。

4.3.6 对结构物病害应建立专门台账，并提出维修方案建议。

4.3.7 应对有病害的结构物分等级检查。桥涵检测周期不得大于 1 年，低置结构检测周期不得大于 6 个月；汛期应对桥梁防排水设施加大检查力度。

4.3.8 定期检查宜按本规范附录 A 中表 A.2～表 A.4 填写检查记录。

4.4 专项检查

4.4.1 当出现下列情况时应进行专项检查：
1 桥梁、隧道、低置结构超过设计年限，需要延长使用。
2 主体结构裂纹宽度超出质量验收规范要求，混凝土出现疏松、起毛、掉块的病害；隧道主体结构裂纹渗水量持续增加，桥梁、隧道中线发生偏移；路基沉降趋势不稳定；挡护结构出现滑动面；桥梁、隧道、低置结构过渡段出现线路平顺性问题。
3 桥梁、隧道、低置结构进行加固改造前后。
4 列车运行区间出现长波不平顺问题。
5 新建穿越主体结构的建筑物前后。

4.4.2 桥涵专项检查内容应包括：挠度、裂纹、支座状态、混凝土强度、外观质量缺陷的判定。

4.4.3 隧道专项检查内容应包括：几何尺寸、与前后线路的中线偏移、现浇隧道衬砌厚度、现浇隧道脱空、主体结构裂纹、渗水 pH 值、流量等。

4.4.4 低置结构专项检查内容应包括：50m 范围的路基相对高程变化、表层防水状态、挡护结构稳定性。

4.4.5 专项检查应配置相应专业设备或委托第三方进行定量检测，专项检测报告应对结构物状态、病害进行定量描述和定性判断。

4.5 状态评定

4.5.1 桥涵、隧道、低置结构常规检查和定期检查完成时应同步开展状态评定。

4.5.2 状态评定宜采用 BCI 评分制。BCI 基础分值为 100 分，通过加权计算分项状态指数 BCI。根据状态指数分值将状态评定划分为五级：BCI 为 90～100 时评为一级；BCI 为 80～89 时评为二级；BCI 为 66～79 时评为三级；BCI 为 50～65 时评为四级；BCI＜50 时评为五级。

4.5.3 状态评定为一级，表明合格；评定为二级，表明结构存在轻微病害，进行日常维护即可；评定为三级，表明结构存在中等病害，应进行综合维修，有些病害需要加强观测并根据其变化情况采取相应的措施；评定为四级，表明结构存在严重病害，应进行综合维修，个别危害需进行大修；评定为五级，表明结构存在极严重危害，应根据情况立即进行综合维修、大修。

4.5.4 桥梁状态评定应符合本规范附录 B 的规定。

4.5.5 涵洞、隧道、低置结构状态评定应符合本规范附录 C 的规定。

4.6 日常养护

4.6.1 日常养护宜在检查过程中或检查后及时进行。应包括桥涵、隧道、低置结构经常性或预防性的养护，发现问题及时记录，解决渣土、堵塞、松动等小型问题，完成上油、涂刷等保养工作。

4.6.2 桥梁日常养护应包括墩台结构、轨道梁、支座、疏散平台等的预防性养护工作以及轻微破损部分的维修工作。桥梁日常养护项目应符合本规范附录 B 中表 B.1-1、表 B.2-1、表 B.3-1 和表 B.4-1 的规定。

4.6.3 涵洞日常养护内容应包括主体结构、端墙、翼墙、护锥结构等的预防性养护工作以及疏通堵塞、轻微破损部分的维修工作。涵洞日常养护项目应符合本规范附录 C 中表 C.1-1 的规定。

4.6.4 隧道日常养护内容应包括主体结构、防排水设施、防护结构、轨道梁等的预防性养护工作以及轻微破损部分的维修工作，隧道日常养护项目应符合本规范附录 C 中表 C.2-1 的规定。

4.6.5 低置结构日常养护内容应包括路堤、轨道梁、防排水设施、防护结构、挡护结构等的预防性养护工作以及轻微破损部分的维修工作。低置结构日常养护项目应符合本规范附录 C 中表 C.3-1 的规定。

4.7 综合维修

4.7.1 综合维修应对状态评定为三级或四级病害的结构部位进行恢复性维修。

4.7.2 综合维修验收标准参数应符合竣工文件相关要求。

4.8 大修

4.8.1 大修应对状态评定为五级病害的结构部位进行调整性维修,达到消除结构累积永久变形,恢复和提高结构强度,增强结构承载能力,延长设施使用年限的目的。

4.8.2 大修应根据线路沉降变化后重新调整的线路参数进行修理,并应经评估单位对结构本体评估后进行。

5 轨道

5.1 一般规定

5.1.1 轨道维护应贯彻预防为主、防治结合、修养并重的原则。

5.1.2 轨旁设备不应侵入设备限界。轨道安装的其他设备不应影响行车安全及轨道巡检、维修和更换作业。

5.1.3 应按照维修保养计划开展常规检查、定期检查、专项检查、日常养护、综合维修和大修等维护工作。

5.2 常规检查

5.2.1 每2天至少应进行一次常规检查，要求在当日末班车到次日第一班车运行前1h内完成。

5.2.2 轨道常规检查应采用目视观察或通过简单的便携工具对承轨台、扣件、轨排、接头、标志标牌、车挡等设备设施的外观质量进行检查。

5.2.3 承轨台的常规检查应包含以下内容：
1 检查承轨台外观质量、是否出现裂缝，如出现裂缝，应及时监测裂缝的宽度、位置、走向、深度等发展状态。
2 检查承轨台是否有蜂窝、露筋、空洞、裂缝、掉角等外观缺陷。
3 检查承轨台防水层是否有破损、失效、开裂等缺陷。
4 检查承轨台是否有空鼓现象。

5.2.4 扣件系统的常规检查应包含以下内容：
1 检查扣件螺栓、螺母、铁垫板、减振垫片盖板是否生锈，防腐措施是否完善。
2 检查扣件紧固螺栓防松标记是否有偏移，螺栓是否有松动。
3 检查减振垫片、弹性垫板等塑性材料是否挤压变形，是否失效。
4 检查扣件材料是否有缺失，安装顺序和位置是否正确。

5 检查扣件螺栓丝杆是否有破损。

5.2.5 轨排的常规检查应包含以下内容：
1 检查F型钢、钢轨枕、连接螺栓是否生锈，防腐措施是否完善。
2 检查连接螺栓防松标记是否有偏移，螺栓是否有松动。
3 检查感应板是否有空鼓、划痕，端头是否有翘起等现象。
4 检查感应板紧固螺栓是否有效，侧向销钉是否有脱落现象。
5 检查钢轨枕、F型钢是否有磕碰、划痕、凹坑、弯折等缺陷。
6 检查轨排上是否有油漆、混凝土、砂浆等材料污染。

5.2.6 轨排接头的常规检查应包含以下内容：
1 检查结构各部件是否紧固，螺栓是否有松动。
2 检查接头销键是否焊接牢固，是否存在脱焊、松动等现象。
3 检查接头连接处轨缝是否超差。
4 检查轨排连接导线是否有断裂，螺栓是否有脱落的情况。
5 检查盖板、支撑板、F型钢、连接螺栓是否有腐蚀、锈蚀等情况。

5.2.7 标志标牌的常规检查应包含以下内容：
1 检查线路标志标牌有无变形、损坏、字迹不清、缺失等情况。
2 检查标志标牌的固定是否牢固，有无断裂、缺失现象。
3 检查标志标牌的表面有无遮挡物。
4 检查标志标牌钢构件是否有锈蚀。

5.2.8 车挡的常规检查应包含以下内容：
1 检查车挡钢构件防腐层是否有破损，钢构件是否有锈蚀。
2 检查车挡液压装置是否运行正常。

5.3 定期检查

5.3.1 轨道定期检查分为月检、季检和年检，定期检查日期为每个周期的期末。

5.3.2 定期检查发现轨道存在危及列车运行安全的损伤或病害时，应立即实施应急处理。

5.3.3 定期检查应主要针对承轨台的裂缝、空鼓、扣件锈蚀及扭力值、轨排锈蚀、感应板损伤、轨排结构尺寸、接头故障、车挡性能等项目进行检查。

5.3.4 应采用横断面法等方法，使用限界检查小车等工具，每2年对轨道行车限界进行一次全面检查。

5.3.5 添乘检查应符合下列规定：
1 添乘检查每月至少应进行 2 次，应安排专业人员乘车观察线路状态，调查列车行驶的舒适度。
2 添乘后应形成添乘报告，主要记录车上观察到的故障及其位置，乘坐的舒适程度，列车出现砸轨、掉点的里程等相关数据。
3 添乘报告可作为轨道专项检查的依据。

5.3.6 动态监测应符合下列规定：
1 动态监测系统每季度至少应检查 1 次，确保机车轨道动态监测系统运行正常。
2 每次监测完应形成机车轨道动态监测系统监测报告，主要记录故障内容、故障处的里程位置、加速度值、车速及加速度沿线分布分析报告。

5.3.7 承轨台的定期检查应符合下列规定：
1 承轨台外观质量检查应每月至少进行 1 次。
2 承轨台的裂缝检查应每季度至少进行 1 次。
3 承轨台的空鼓检查应每季度至少进行 1 次。

5.3.8 扣件系统的定期检查应符合下列规定：
1 扣件钢构件锈蚀应每月检查 1 次。
2 扣件螺栓扭力应每季度检查 1 次。

5.3.9 轨排的定期检查应符合下列规定：
1 轨排的防腐层每月至少应检查 1 次。
2 感应板损伤每季度至少应检查 1 次。
3 轨排紧固螺栓每季度至少应检查 1 次。
4 轨排的线型、曲线正矢、高程每季度至少应进行 1 次全面检查。
5 在车站、桥梁、路基、隧道等衔接区段，每季度至少应检查 1 次轨排的线形。
6 轨排的磁极面共面度、轨距每年至少应进行 1 次全面检查。
7 每年至少应进行 1 次轨排的全面检查。

5.3.10 轨排接头的定期检查应符合下列规定：
1 接头轨缝每月至少应检查 1 次。
2 轨排接头线型平顺度每月至少应检查 1 次。
3 轨排接头错牙误差每季度至少应检查 1 次。
4 接头螺栓松动每季度至少应检查 1 次。

5　接头销键每季度应换 1 次。

5.3.11　车挡的性能状态应每半年进行 1 次检查。

5.4　专项检查

5.4.1　对添乘报告和动态监测报告显示的故障区段，设备设施以及曲线、接头等容易出现故障的部位、构件，应进行轨道专项检查。

5.4.2　由于维修造成的结构尺寸改变，应进行设备限界专项检查。

5.4.3　当出现下列情况时，应对承轨台进行专项检查：
1　承轨台在设计使用年限内，出现裂缝大于规范要求时。
2　承轨台超过设计年限，但仍需投入使用时。
3　出现日常检查和定期检查中难以识别的强度不足、铁垫板空鼓等故障时。
4　承轨台结构需要进行强度验算、周期性试验等情况时。

5.4.4　对列车行驶过程中发生异常波动或晃动严重的区段，以及维修后反复出现故障的区段，应进行轨道平顺度专项检查。

5.4.5　轨排、扣件、接头等钢构件出现较为严重的锈蚀的区段，应进行构件锈蚀专项检查。

5.4.6　专项检查应形成专项检查报告，报告应包含以下内容：
1　轨道线路的基本情况，检查的组织方案、实施时间和工作程序。
2　轨道的线路状况，试验与检查项目及方法，检查数据与分析结果。
3　病害发生的原因及对结构安全的影响，评定轨道设备继续使用的安全性。
4　结构及设备的维修、加固或改造的建议方案，提出维护管理措施。

5.5　状态评定

5.5.1　轨道定期检查完成后，应进行线路维修等级分类及轨道设备的状态评定。

5.5.2　线路评定宜采用评分法，满分为 100 分。评分不低于 85 分时，评定为优良；评分不低于 60 分时，评定为合格；评分低于 60 分、大于 40 分时，评定为不合格；评分不大于 40 分时，评定为危险。

5.5.3 线路评定为优良、合格时，只需对线路进行日常养护；评定为不合格时，应进行综合维修；评定为危险时，应进行大修。线路评定分析应符合表5.5.3的规定。

表 5.5.3 线路评定分析

线路评分 X	线 路 评 定	检 查 类 别	维 修 等 级
$X \leq 40$	危险	专项检查	大修
$40 < X < 60$	不合格	专项检查	综合维修
$60 \leq X < 85$	合格	常规检查、定期检查	日常养护
$85 \leq X \leq 100$	优良	常规检查、定期检查	日常养护

5.5.4 线路状态评定可采取抽样方式，评定长度应不少于线路总长度的1/3，评定按公里标分段。线路状态评分应符合本规范附录D中表D.1的规定。

5.5.5 轨道的状态评定结果，应作为安排线路维修计划的依据。

5.6 日常养护

5.6.1 日常养护作业宜在检查过程中或检查后及时进行。

5.6.2 日常养护应主要针对状态评定为合格以上的线路设施进行经常性或预防性的养护；失效零件的修补和更换；一般故障的处理以及隐患的及时排除。

5.6.3 轨道维护后的检查及评判标准应符合本规范附录D中表D.2的规定。

5.6.4 轨排及轨排接头的日常养护应满足下列要求：

1 轨排及轨排接头养护应主要包括平顺度调整、防腐层维修、构件更换、螺栓复紧。

2 轨排及轨排接头高低平顺度调整应通过增加或减少下方的调高垫板来实现。更换调高垫板时，每次松动轨枕扣件螺栓不应超过6根。调高垫板安装应保证上下对正，结构边线重合。更换完成后，应及时对轨排线型进行复测。具体操作宜按照本规范附录E中图E.1进行。

3 轨排及轨排接头横向误差调整应通过千斤顶移动轨排来实现。具体操作宜按照本规范附录E中图E.2进行。

4 轨排及轨排接头生锈防腐保养宜按照本规范附录E中图E.3进行。

5 轨排及轨排接头螺栓断裂维修可采用两种方法：一种为钻孔取丝法，主要是利用钻孔取出内部断裂螺栓，然后重新更换螺栓紧固，具体作业流程宜按照本规范附录E中图E.4进行；另外一种方法为重新钻孔法，即在原孔位旁边重新钻孔攻丝，然后再更换螺栓紧固，具体操作宜按照本规范附录 E 中图 E.4 及附录 E 中图 E.5 进行。

5.6.5 扣件系统的日常养护应满足下列要求：
1 扣件系统的日常养护应包括除锈防腐和零件更换。
2 除锈防腐保养作业流程宜按照本规范附录 E 中图 E.3 进行。
3 扣件系统存在零部件失效、安装错误、弹簧垫圈挤压变形、塑性零件变形等情况时，应对零部件进行更换，具体操作宜按照本规范附录 E 中图 E.6 进行。

5.6.6 承轨台的日常养护应满足下列要求：
1 承轨台的日常养护应包含裂缝处理、表面修补、防水层修复等作业。
2 对承轨台浅层裂缝宜按照本规范附录 E 中图 E.7 进行处理。
3 对承轨台表面细微裂缝或表层裂缝、表面空洞、麻面等现象，应采用高强纤维砂浆修补，具体操作宜按照本规范附录 E 中图 E.8 进行。

5.6.7 轨道附属结构的日常养护应满足下列要求：
1 线路标志标牌的日常养护应包含：清除标志标牌上的污迹和杂物；对倾斜和错位的标志标牌进行调整，修补变形、破损的标牌，紧固松动的连接件；更换破损的标志标牌。
2 车挡的日常养护应包含防腐层修复、零部件更换保养、车挡更换等作业。

5.7 综合维修

5.7.1 轨道因局部损坏严重需要更换、轨道局部基础沉降需要处理等，状态评定为不合格时，应进行综合维修。

5.7.2 轨道综合维修作业可包括轨排及轨排接头更换、感应板更换、承轨台凿除翻修、扣件螺栓复紧、轨排防腐、线路综合状态全面调整等作业。

5.7.3 综合维修应制订详细的维修方案，明确人员、设备、材料的进出场方案，说明作业点的时间和作业区间，做好施工作业点的申请和人员、工器具的清出工作，避免误点或有物体残留轨道而影响列车运行安全。

5.7.4 轨排更换应满足下列要求：
1 轨排出现轨距超差、磁极面共面度超差、磁极面全长平面度超差、硬弯、严重损伤、轨枕断面严重损伤等无法满足列车运行要求的情况时，应对轨排进行整体更换作业。
2 轨排更换前应结合现场位置和轨排尺寸核查备料的数量是否满足更换要求。

3 轨排更换前应对新轨排进行结构尺寸、线型状态的检查，检查合格后方可更换。

4 更换拆除的轨排应运送回库内拆解，对有用的构件进行翻修备存。

5 轨排整体更换作业宜按照本规范附录E中图E.9进行。

6 宜利用磁浮轨排铺装设备进行轨排的装卸、运输、拆除和安装。

7 旧轨排拆除前，应以相邻两轨排标高、中心线为基准设置安装基准。将需更换的轨排与基础及相邻轨排分离后，利用磁浮轨排铺装设备将其吊离线路。

8 新轨排安装前，应检查核对新轨排几何尺寸。将新轨排吊装就位，根据设置好的安装基准进行新轨排的安装调整。安装完成后的新轨排与前后轨排的线型、平顺度应符合本规范附录D中表D.2的相关规定。

5.7.5 F型导轨、轨枕更换应满足下列要求：

1 单独更换F型导轨、轨枕的维护作业宜按照本规范附录E中图E.10进行。

2 宜利用磁浮轨排铺装设备进行F型导轨和轨枕的装卸、运输、拆除和安装。

3 旧F型导轨、轨枕拆除前，应以相邻两轨排导轨标高、中心线为基准设置安装基准。将需更换的F型导轨、轨枕与基础及相邻轨排分离后，利用磁浮轨排铺装设备将其吊离线路。

4 新F型导轨、轨枕安装前，应检查核对新F型导轨、轨枕几何尺寸是否符合要求。将新F型导轨、轨枕吊装就位，根据设置好的安装基准进行新F型导轨、轨枕的安装调整。安装完成后，应利用钢板尺、全站仪、弦线检查新F型导轨的线型、轨枕的间距，使其符合本规范附录D中表D.2的相关规定。

5.7.6 感应板更换应满足下列要求：

1 感应板更换作业宜按照本规范附录E中图E.11进行。

2 旧感应板的拆除宜由端头向中间位置逐步进行。

3 新感应板安装前，应打磨F型钢表面附着的粘胶，并保证F型钢表面毛糙，不得有水渍。

4 强力胶应按配比要求进行配置，并均匀涂抹于F型钢表面。

5 新感应板安装应粘贴密实。

6 安装锚固螺栓应压紧感应板。

7 新感应板粘贴固定完成后，应利用夹具固定。

8 对强力胶进行2~3h养护后方可拆除夹具，拆除后待强力胶的黏着力达到最大强度方可投入使用。

9 维护作业前，应进行技术培训，以免现场作业误点影响列车运营。

5.7.7 扣件螺栓复紧应满足下列要求：

1 当螺栓扭力值不合格区段长度达到线路总长度的30%时，应进行螺栓复紧。具体操作宜按照本规范附录E中图E.12进行。

2 复紧螺栓时，扭力扳手应与轨枕平行。
3 限位装置可利用限位装置限制上部构件转动。
4 扭力扳手发出响声后应继续施压，发出连续、多次响声方可确认扭力值达标。
5 下部构件不齐时应松开螺栓，调整构件位置，然后插入限位装置复紧螺栓。
6 不得过度拧紧螺栓，以免减振垫片受压变形。

5.7.8 承轨台凿除翻修应满足下列要求：
1 当承轨台出现较大裂缝或空鼓裂缝的情况时，应采用凿除并重新浇筑的方式进行处理。具体操作宜按照本规范附录 E 中图 E.13 进行。
2 应人工凿除承轨台至裂缝根部位置，清理残留渣，确保新旧混凝土衔接密实。
3 对凿除的承轨台中不合格的钢筋应进行补筋、植筋，根据凿除深度进行现场确认。如发现钢筋过于集中，应及时补充钢筋。
4 施工前应在承轨台中间部位放置一个千斤顶，顶住轨枕，防止因凿除不当，轨枕承轨台不受力而出现下沉现象。
5 施工过程中应拉好弦线，实时监测轨道高程状态。
6 应严格控制灌浆料水料比，现场拌料时应利用电子秤进行准确称量，不得随意搅拌。搅拌应采用电动搅拌机机械搅拌，不得使用人工搅拌。
7 凿除承轨台时，应在梁外侧做好防落网，防止凿除的混凝土块掉落。
8 凿除部位的下方道路，应安排专人进行交通疏导和安全警示标志安放，确保高空作业时不对底部交通安全造成威胁。
9 浇筑承轨台灌浆料时，只能从一侧浇筑，直至全部灌满。不得多角度同时浇筑，以免气泡不能均匀排出，造成内部空洞。
10 凿除承轨台时，应凿毛新旧混凝土接触面，提高黏结力。
11 凿除混凝土时，不得接触铁垫板或轨排，以免强烈振动改变轨排线型状态。

5.7.9 轨排连接件、紧固件更换应满足下列要求：
1 构件的更换应确保轨道线路状态良好，轨排几何尺寸应符合本规范附录 D 中表 D.2 的相关规定。
2 连接件及紧固件更换后，螺栓扭矩应满足设计要求。
3 更换的连接件及紧固件应采用非铁、钴、镍等不受磁场影响的材料。

5.7.10 轨排防腐应满足下列要求：
1 单品轨排生锈面积达到设计面积的 50% 时，应进行轨排防腐层维修。
2 涂装新防腐层前，应清除锈蚀表面，表面除锈等级应达到 St3 级。
3 轨排防腐层涂刷作业应避开雨季，涂装前，现场空气湿度应不大于 85%，温度应不低于 10℃。

5.8 大修

5.8.1 运营时间达到运营单位要求的维修年限，或轨道多处因局部损坏严重需要更换，或轨道基础大面积沉降（或多处沉降严重），状态评定为危险等级时，应进行大修作业。

5.8.2 线路大修前应先制订大修专项方案，评审通过后方可组织大修。

5.8.3 如线路更换轨排、更换F轨等维修作业项目在轨行区范围内一个作业点无法完成时，可上报延长作业时间或停运进行维修。

5.8.4 大修作业应满足下列要求：
1 大修计划的制订应根据线路与轨排状态的评定结果进行。
2 线路大修主要以消灭累计永久变形、恢复和提高线路设备强度、增强承载力、延长线路设备的使用年限为目的。
3 大修计划应从整体进行规划，突出重点、有步骤地进行。
4 线路设备大修应具备正常的施工条件，提前组织好专业施工队伍，装备必要的施工机械和工程运输车辆，同相关部门密切协作，为大修的正常进行创造条件。
5 应加强对线路设备大修的管理，积极发展施工机械化，采用新技术，改革施工方法，开展标准化作业；不断提高职工素质，提高劳动生产率和施工质量，降低成本，减轻劳动强度。
6 除按本规则办理外，线路设备大修还应遵循运营单位的有关规定。

6 磁浮道岔

6.1 一般规定

6.1.1 磁浮道岔的维护主要包括常规检查、定期检查和大修：

1 道岔常规检查包括日常检查维护和月度全面检查。每2天应进行一次日常检查维护；每月底应完成道岔月度全面检查。日常检查维护和月度全面检查发现道岔存在危及列车运行安全的损伤或病害时，应立即实施应急预案。

2 运营时间达到设备要求的维护年限或道岔因局部损坏严重需要更换时，应进行定期检查。

3 运营时间达到设备要求的维修年限或道岔多处因局部损坏严重需要更换时，应进行大修。

6.1.2 道岔设备维修、维护宜采用检、修分离的管理体制。

6.1.3 维修作业时不应干扰和更改磁浮列车和其他专业设备的运行条件。

6.1.4 维护用材料、仪器仪表及工具应放置在固定位置。

6.1.5 进入道岔区进行维护、维修前，人员、工具名称、数量应提前报备登记。

6.1.6 维护必备的各种规程、图纸和资料应有专人专职保管。

6.1.7 常规检查、零部件更换、加油注油应进行准确记录，记录应经责任人签字，并由专人保管。

6.1.8 遇到意外灾害时，应有应急处理措施，及时检修，排除故障，保证道岔安全运行，减小意外灾害对道岔设备造成的影响。

6.1.9 应建立巡检制度，按相关规程及检修计划完成巡检，并做好书面记录。

6.2 常规检查

6.2.1 常规检查应满足以下要求：
1 主要针对能够目视观察或通过简单的工具可以检查的项目。
2 每个作业点应安排一次常规检查。
3 故障出现频率较高的部位应重点检查。
4 宜按本规范附录 F 中 F.1 做好检查记录。

6.2.2 道岔梁常规检查应包括以下内容：
1 检查防腐涂层，涂层出现损伤或损坏应进行修补。
2 目视各焊缝的完好性，焊缝出现开裂等现象时，应在评估后进行补焊或者重新焊接。
3 目视道岔梁各个梁体的变形情况，梁体出现明显变形时，应在评估变形对道岔结构的影响后进行修复或者更换。
4 目视检查角平分装置拉杆的完整性，拉杆出现裂纹和断裂现象应进行更换。
5 目视或者使用扭力扳手检查安装螺栓，螺栓出现松动、缺失等现象应进行安装紧固。
6 目视、耳听道岔转辙是否正常，出现异响应检查各个运动部件是否有干涉或者润滑不良。
7 限界内不应有铁、钴、镍等容易受磁场影响吸附到列车的结构件。

6.2.3 铰轴连杆常规检查应包括以下内容：
1 检查防腐涂层，涂层出现损伤或损坏应进行修补。
2 目视各焊缝的完好性，焊缝出现开裂等现象应在评估后进行补焊或者重新焊接。
3 目视铰轴连杆结构件的变形情况，结构件出现明显变形时，应在评估变形对道岔结构的影响后进行修复或者更换。
4 目视或者使用扭力扳手检查安装螺栓，螺栓出现松动、缺失等现象应进行安装紧固。
5 目视、耳听道岔转辙是否正常，出现异响应检查各个运动部件是否有干涉或者润滑不良。

6.2.4 台车常规检查应包括以下内容：
1 检查防腐涂层，涂层出现损伤或损坏应进行修补。
2 目视各焊缝的完好性，焊缝出现开裂等现象，应在评估后进行补焊或者重新焊接。
3 目视台车横梁等结构件的变形情况，结构件有明显变形时，应在评估变形对道岔结构的影响后进行修复或者更换。
    4　目视或者扭力扳手检查安装螺栓，螺栓出现松动、缺失等现象应进行安装紧固。
    5　目视、耳听道岔转辙是否正常，出现异响应检查各个运动部件是否有干涉或者润滑不良。

6.2.5　锁定装置常规检查应包括以下内容：
    1　检查防腐涂层，涂层出现损伤或损坏应进行修补。
    2　目视各焊缝的完好性，焊缝出现开裂等现象，应在评估后进行补焊或者重新焊接。
    3　目视直插销表面是否光滑，表面不光滑或者出现毛刺应进行修补，出现裂纹应进行更换。
    4　用塞尺等工具检测导向滚轮与直插锁的间隙，间隙超过允许值应转动偏心轴进行调整。
    5　检查限位开关安装底座和限位开关安装是否牢固可靠，出现松动等现象应进行紧固。
    6　目视或者使用扭力扳手检查安装螺栓，螺栓出现松动、缺失等现象应进行安装紧固。
    7　目视、耳听道岔转辙时各结构件和电动推杆正常工作，出现异响应检查各个运动部件是否有干涉或者润滑不良。

6.2.6　驱动装置常规检查应包括以下内容：
    1　检查防腐涂层，涂层出现损伤或损坏应进行修补。
    2　目视电机底座、减速机底座与基础板焊缝的完好性，焊缝出现裂缝或者开裂应进行补焊。
    3　目视驱动摇臂焊缝的完好性，焊缝出现裂缝或者开裂应进行补焊。
    4　用塞尺等工具检测驱动导轮与导槽的间隙，间隙超过允许值应更换耐磨板。
    5　目视或者使用扭力扳手检查安装螺栓，螺栓出现松动、缺失等现象应进行安装紧固。
    6　检查限位开关安装底座和限位开关安装是否牢固可靠，出现松动等现象应进行紧固。

6.2.7　梁上导轨常规检查应包括以下内容：
    1　检查防腐涂层，涂层出现损伤或损坏应进行修补。
    2　目视 F 型导轨和铝感应板，若其出现变形和损伤应进行更换。
    3　目视安装螺钉和销钉，若其出现松动、缺失应进行紧固、补充。

6.2.8　基础和预埋件常规检查应包括以下内容：
    1　检查防腐涂层，涂层出现损伤或损坏应进行修补。

2 目视螺帽保护帽有无缺失、损坏，出现缺失、损坏应进行补充、更换。

3 目视台车车轮与限位装置有无干涉，出现干涉应检查限位装置是否移动并进行调整。

6.2.9 电气控制系统常规检修应包括以下内容：

1 现地操作、强控和集中控制应正常使用。

2 检查各行程开关功能是否完好，出现卡阻应进行执行头更换。

3 电动推杆应可正常使用，出现异响或异常温升等现象应检查是否润滑不良或者有制动器故障。

4 驱动电机和减速机应可正常使用，出现异响或异常温升等现象应检查是否润滑不良或者有制动器故障。

5 检查电源接触器，若其不能正常吸合应进行更换。

6 急停按钮应可靠按下，不能按下或者弹出应进行更换。

7 绝缘电阻测试值不满足设计要求应进行更换。

8 各位置显示信息不能准确显示，应按照线路图进行故障排除。

9 转辙时间超过15s应检查驱动电机、电动推杆是否有故障。

6.3 定期检查

6.3.1 定期检查一般应包括以下内容：

1 定期清扫道岔结构件及道岔平台垃圾，清除积水。

2 道岔的定期检查主要包括结构件的润滑和相关部件的磨损检测，道岔梁的直线度、高程复测和电气控制系统部件的检查试验。

3 宜按本规范附录F中F.2做好检修记录。

6.3.2 道岔梁定期检查应包括以下内容：

1 每个季度应对所有的轴承加注黄油。

2 每个季度应进行减磨板、减磨套和自润滑拖垫的磨损量检查。

3 每年应进行1次道岔梁的横向挠度和竖向挠度的检查。

4 每年应对道岔梁F型钢的直线度、高程、轨缝、错位等进行1次复测。

6.3.3 铰轴连杆定期检查应每个季度对转动中心的轴承加注黄油。

6.3.4 台车定期检查应包括以下内容：

1 每个月应在台车轨道表面涂抹1次黄油。

2 每个季度应对所有的轴承加注1次黄油。

3 每个季度应检查1次车轮的磨损情况。

6.3.5 锁定装置定期检查应包括以下内容：
1 每个季度应检查1次直插销安装座滑动轴承的磨损情况。
2 每个季度应检查1次直插销的磨损情况。
3 每个季度应检查1次导向滚轮及滑动轴承的磨损情况。
4 每个季度应对导向轮和直插销涂抹黄油。
5 参照电动推杆说明书对减速箱和丝杠进行保养。

6.3.6 驱动装置定期检查应包括以下内容：
1 每个季度应检查1次摇臂导辊和耐磨板的磨损情况。
2 每个季度应对摇臂导辊轴承加注黄油。
3 参照减速电机、减速箱说明书进行维护保养。

6.3.7 电气控制系统定期检查应包括以下内容：
1 每4个月检查1次接触器的主接点和副接点的工作情况。
2 每个季度应进行1次手动转辙试验。
3 易损易耗件应按规定的时间进行更换。
4 每个季度应检查1次电线和箱内配线是否有破损。
5 每个季度应进行1次双电源切换开关的切换试验。

6.4 大修

6.4.1 大修一般要求应包括以下内容：
1 道岔的零部件达到使用寿命前，应对其进行大修或者更换。
2 道岔零部件进行大修或者更换前，应制订详细的施工计划和施工方案。
3 道岔大修或者更换的零部件应采用满足技术要求的零部件。
4 运营单位应提前备齐大修或者更换的零部件。
5 道岔零部件大修或者更换应由有资质的操作人员或者专业厂家进行。
6 宜按本规范附录F中的表F.3做好大修记录。

6.4.2 道岔梁大修应包括以下内容：
1 角平分装置的拉杆出现裂纹或者断裂应及时进行更换。
2 道岔梁梁体焊缝出现裂纹或者开焊应组织进行维修或者更换。
3 应参照道岔制造厂家规定的更换周期进行滑块、自润滑减磨板、减磨套的更换。

6.4.3 台车大修应包括以下内容：
1 台车横梁焊缝出现裂纹或者开裂应及时进行维修或者更换。
2 车轮磨损量接近允许值或者出现裂纹应及时进行更换。

3 应参照道岔制造厂家规定的更换周期进行车轮轴承的更换。

6.4.4 铰轴连杆大修应包括以下内容：
1 连杆结构件焊缝出现裂纹或者开裂应及时进行维修或者更换。
2 应参照道岔制造厂家规定的更换周期进行铰轴连杆轴承的更换。

6.4.5 锁定装置大修应包括以下内容：
1 各结构件焊缝出现裂纹或者开裂应及时进行维修或者更换。
2 应参照道岔制造厂家规定的更换周期进行轴承的更换。
3 应参照道岔制造厂家规定的周期进行电动推杆大修或者更换。

6.4.6 驱动装置大修应包括以下内容：
1 驱动摇臂结构件焊缝出现裂纹或者开裂应及时进行维修或者更换。
2 应参照道岔制造厂家规定的更换周期进行轴承的更换。
3 应参照道岔制造厂家规定的周期进行减速电机和减速箱的大修或者更换。

6.4.7 电气控制系统大修应包括以下内容：
1 防水接头漏水或者老化应及时进行更换。
2 应参照行程开关厂家规定的周期进行维修或者更换。
3 电控柜内的元器件应根据厂家规定的周期进行更换。
4 外部电缆有划伤或者损坏应及时进行更换。

7 接触轨系统

7.1 一般规定

7.1.1 接触轨的维护应实行预防为主、修养并重的方针，按照定期监测、周期检修的原则，积极采用先进的检测手段，不断提升接触轨运行品质和安全可靠度。

7.1.2 所有接触轨系统自第一次受电开始即认定为带电设备。

7.1.3 对接触轨设备进行停电维护作业时，应开具停电作业工作票。停电作业工作票应按本规范附录 H 中表 H.1 的规定填写。正常情况下，除具备规定的工作票外，还应有值班电力调度员批准的停电作业命令。停电作业命令票应按本规范附录 H 中表 H.2 的规定填写。

7.1.4 接触轨系统正常运作后，固定设备及临时物料不得侵入限界，日常维护及巡视检查时应将其纳入必检项目。

7.2 日常养护

7.2.1 日常养护应包含下列内容：
1 清扫检查绝缘支撑装置、分段绝缘器、道岔处滚动支点。
2 检查绝缘支撑装置底座，底座连接螺栓按力矩要求进行紧固。对照现场温度检查膨胀接头缝隙，超出误差范围的，检查膨胀接头滑动是否顺畅，调节使其顺畅；如是因锚段内绝缘子与接触轨卡滞，调整对应的绝缘子使接触轨能顺畅滑动。
3 检查道岔处接触轨受流面平顺度，对道岔处滑动支点进行清扫，使滑动支点在接触轨内能顺畅滑动。
4 检查钢铝复合轨有无变形、破损、磨损、灼伤等，对磨损量小、灼伤不严重的进行打磨或者清扫处理，有严重变形或者破损的进行及时更换。
5 检查接触轨中间接头的连接状态，紧固螺栓有无松动，按力矩要求逐个紧固；接头处绝缘支架和接触轨受力后应无明显变形，中间接头的卡块与绝缘支架的间隙应符合设计要求。
6 检查电缆连接板周围有无过热变色现象，电缆接线端子与电缆连接板的连接是否牢固可靠，压接处有无松动和异常，按力矩要求逐个紧固。

7 检查绝缘器件是否有破损、裂纹、烧伤及检测放电痕迹等，如有以上情况要及时更换，紧固螺栓并涂油防腐，器件的绝缘性能、安全距离应符合设计要求。

8 检查膨胀接头有无过热变色、烧伤现象，严重情况下要及时更换；检查磨损是否均匀，补偿间隙过渡是否平滑，所有紧固件是否松动；距受流面与轨面的高度应符合设计要求，超出误差要求的要及时利用专用工具进行调整。

9 检查分段绝缘器距轨面高度及平行轨面情况，相对线路中心的位置符合设计要求，与接触线接头、过渡状况良好，超出误差要求的要及时利用专用工具进行调整。

7.3 月检

7.3.1 钢铝复合轨月检应检查钢铝复合轨有无变形、破损、磨损、灼伤，紧固力矩是否符合规定等，对磨损量小、灼伤不严重的进行打磨或者清扫处理，对有严重变形或者严重破损的及时进行更换。

7.3.2 中间接头月检应满足以下要求：

1 检查接触轨的连接状态，紧固螺栓无松动，按力矩要求逐个紧固。

2 检查中间接头的卡块与绝缘支架的间隙，如是因锚段内绝缘子与接触轨卡滞，调整对应的绝缘子使接触轨能顺畅滑动。

3 检查两连接板接触面是否清洁，应及时进行清扫。

4 检查紧固力矩是否符合规定，按力矩要求对连接螺栓逐个紧固。

7.3.3 绝缘支撑装置月检应满足以下要求：

1 检查绝缘器件是否有破损、裂纹，绝缘器件是否有烧伤，检测放电痕迹指标，有以上情况的绝缘支撑装置及时进行更换。

7.3.4 端部弯头月检应满足以下要求：

1 检查端部弯头本体烧伤、撞伤和变形等情况，情况不严重的要及时进行清扫及打磨调整，严重情况下要及时更换；测量端部弯头工作高度、钢铝复合轨偏移值，超出误差范围的要利用专用工具及时调整。

7.3.5 膨胀接头月检应满足以下要求：

1 检查膨胀接头有无过热变色、烧伤现象，情况不严重的要及时进行清扫，严重情况下要及时更换。

2 检查膨胀接头磨损是否均匀，补偿间隙过渡是否平滑，情况不严重的要及时打磨处理，情况严重的要及时进行更换。

3 检查膨胀接头所有紧固件是否松动，按力矩要求逐个紧固。

4 检查补偿间隙的大小，与温度曲线核对，超出误差范围的，检查膨胀接头滑动是否顺畅，调节使其顺畅；如是因锚段内绝缘子与接触轨卡滞，调整对应的绝缘子使接触轨能顺畅滑动。

5 检查膨胀接头的电气连接状况，按力矩要求将各连接螺栓逐一紧固。

7.3.6 中心锚结月检应检查锚固组件与钢铝复合轨的连接状态，按力矩要求将各连接螺栓逐一紧固。

7.3.7 分段绝缘器月检应满足以下要求：

1 检查距轨面高度及平行轨面情况，超出误差范围的应利用专用工具进行调整。
2 检查相对线路中心的位置，超出误差范围的应利用专用工具进行调整。
3 检查与接触轨接头、过渡状况，对间隙超出误差范围的进行调整。
4 检查导流板磨耗、测量角隙，对遗留的碳粉进行清扫，磨损较大的进行更换。
5 检查螺栓紧固状态并涂油防腐。
6 检查绝缘部件状态并清扫。
7 检查道岔处分段绝缘器对接部分受电靴接触面平行情况，道岔转动过程中是否有卡滞情况，对道岔处滑动支点进行清扫，使滑动支点在接触轨内能顺畅滑动。

7.3.8 电缆连接板月检应满足以下要求：

1 检查电缆接线板周围有无过热变色现象，有轻微变色的及时清扫附着物，有烧伤变残缺的及时更换。
2 检查电缆接线板与钢铝复合轨的连接状态，按力矩要求将各连接螺栓逐一紧固。
3 检查电缆接线端子与电缆接线板的连接是否牢固可靠，按力矩要求将各连接螺栓逐一紧固。

7.3.9 接地轨月检应满足以下要求：

1 检查接地轨与支架底座间、接地轨接头处接触是否良好，螺栓是否紧固，按力矩要求将各连接螺栓逐一紧固。
2 检查接地轨有无裂纹、过热变色、烧伤痕迹，沿线布置是否平顺，有裂纹、烧伤严重的及时进行更换。
3 检查接地线与底座及接地轨的连接是否牢固可靠，接地线的固定是否稳固，按力矩要求将各连接螺栓逐一紧固。

7.3.10 避雷器月检应检查接地装置电阻阻值情况，及时做好降阻处理；整修基础，避免因基础开裂而引起避雷器晃动、掉落；构架螺栓是否松动，按力矩要求对各连接螺栓逐一进行紧固。

7.3.11 接地装置月检应满足以下要求：

1 检查接地扁铝与支架底座间、接地扁铜接头处接触是否良好，螺栓是否紧固，按力矩要求将各连接螺栓逐一紧固。

2 检查接地扁铝有无裂纹、过热变色、烧伤痕迹，沿线布置是否平顺，是否落于道床面上，对有裂纹、烧伤严重的及时进行更换。

3 检查接地跳线与底座及接地扁铝的连接是否牢固可靠，接地跳线的固定是否稳固，按力矩要求将各连接螺栓逐一紧固。

7.4 半年检

7.4.1 钢铝复合轨半年检应满足以下要求：

1 对接触轨及普通接头等进行全面详细检查，不符合要求的进行维护处理。

2 全面详细检查、测量定位点的接触轨受流面至轨面的高度、至轨面中心线的限界及与轨面的平行度，对不合要求的点进行维护处理，确保各参数符合要求。

3 检查普通接头连接有无松动，导电油脂涂层是否足够均匀，接头处钢带接触面过渡是否平滑。

4 检查有无侵限及阻碍受流器运行的异物。

5 测量检查跨距中心处接触轨受流面至轨面的高度，超出误差范围的应利用专用工具及时进行调整。

7.4.2 中间接头半年检应满足以下要求：

1 检查接触轨的连接状态，紧固螺栓无松动，按力矩要求将各连接螺栓逐一紧固。

2 检查接头处绝缘支架和接触轨受力后有无明显变形，按力矩要求将各连接螺栓逐一紧固。

3 检查中间接头的卡块与绝缘支架的间隙，如是因锚段内绝缘子与接触轨卡滞，调整对应的绝缘子使接触轨能顺畅滑动。

4 检查两连接板接触面是否清洁，应及时进行清扫。

5 检查紧固力矩是否符合规定，按力矩要求将各连接螺栓逐一紧固。

7.4.3 绝缘支撑装置半年检应满足以下要求：

1 检查预埋膨胀锚栓是否紧固、有无松动，填充水泥层有无裂纹、松脱现象，按力矩要求将各连接螺栓逐一紧固。

2 检查绝缘支架紧固螺栓是否紧固、有无松动，按力矩要求将各连接螺栓逐一紧固。

3 检查绝缘支架有无变色、表层剥落、裂纹及其他异常现象，情况严重的要及时更换。

4 检查支架底座有无镀锌层脱落、锈蚀现象，情况严重的要及时更换。

5 检查支架和接触轨的对正情况，利用专用工具及时进行调整。

7.4.4 端部弯头半年检应满足以下要求：
1 检查受流面是否有电弧烧伤痕迹，及时对痕迹进行清除，情况严重的及时进行更换。
2 检查接头是否松动，按力矩要求将各连接螺栓逐一紧固；导电油脂是否足够均匀，维护时均匀涂抹导电油脂。
3 检查端部弯头末端的摆动情况，对相应的绝缘支架各连接螺栓进行逐一紧固。
4 测量检查端部弯头上弯状态是否符合要求，不符者进行调整。
5 测量端部弯头末端、上弯始点、绝缘支架处受流面与轨面的高度、坡度及与轨面中心线的距离，检查是否符合要求，不符者进行调整。

7.4.5 膨胀接头半年检应满足以下要求：
1 检查膨胀接头有无过热变色、烧伤现象，对情况不严重的要及时进行清扫，严重情况下要及时更换。
2 检查膨胀接头的磨损是否均匀，补偿间隙过渡是否平滑，对情况不严重的要及时打磨处理，情况严重的要及时更换。
3 检查膨胀接头所有紧固件是否松动，对相应的绝缘支架各连接螺栓进行逐一紧固。
4 测量膨胀接头处受流面与轨面的高度、坡度及限界，利用专用工具及时进行调整。
5 测量膨胀接头补偿间隙的大小，与温度曲线核对，检查是否符合要求，对超出误差范围的，检查膨胀接头滑动是否顺畅，调节使其顺畅。如是因锚段内绝缘子与接触轨卡滞，调整对应的绝缘子使接触轨能顺畅滑动。
6 检查膨胀接头的电气连接状况，按力矩要求将各连接螺栓逐一紧固。

7.4.6 中心锚结半年检应满足以下要求：
1 检查防爬器与接触轨的连接状态，紧固螺栓有无松动，按力矩要求将各连接螺栓逐一紧固。
2 检查中心锚结的卡块与绝缘支架的间隙，及时调整并对各连接螺栓逐一进行紧固。

7.4.7 分段绝缘器半年检应满足以下要求：
1 检查分段绝缘器爬电距离是否满足大于400mm，及时对遗留碳粉进行清扫，对清扫后绝缘性能不达标的及时进行更换，对绝缘性能进行测试并记录。
2 检查分段绝缘器是否有搓台、撞击痕迹，及时调整使其与接触轨受流面平滑过渡，损耗严重的及时进行更换。

3　检查螺栓的力矩是否符合设计要求，及时调整并对各连接螺栓逐一进行紧固。
　　4　检查绝缘电阻值是否满足不大于5Ω，不达标的及时进行更换。

7.4.8　电缆连接板半年检应满足以下要求：
　　1　检查电缆接线板周围有无过热变色现象，及时调整并对各连接螺栓逐一进行紧固。
　　2　检查电缆接线板与接触轨的连接状态，及时调整并对各连接螺栓逐一进行紧固。
　　3　检查电缆接线端子与电缆接线板的连接是否牢固可靠，及时调整并对各连接螺栓逐一进行紧固。
　　4　检查电缆接线端子的压接处有无松动及异常，及时调整并对各连接螺栓逐一进行紧固。
　　5　检查电缆的弯曲走向是否符合要求，电缆接线端子及电缆不应向走行轨中心倾斜，如倾斜应及时修整。
　　6　检查电缆表面有无损伤、电缆固定是否稳固、电缆绝缘层有无老化变色以及是否有表皮剥落现象，情况严重的要对电缆进行更换。

7.4.9　手动隔离开关半年检应满足以下要求：
　　1　检查距轨面高度及平行轨面情况。
　　2　检查相对线路中心的位置，及时对隔离开关位置进行调整并固定。
　　3　检查与接触线接头、过渡状况，及时调整并对各连接螺栓逐一进行紧固，并涂油防腐，及时调整过渡不顺畅的情况。
　　4　检查导流板磨耗，测量角隙，对磨耗情况严重的进行更换。
　　5　检查绝缘部件状态并清扫。
　　6　检查隔离开关电阻值，动、静触头两端电阻值为40μΩ；隔离开关输入、输出母排两端电阻值为100μΩ。

7.4.10　接地轨半年检应满足以下要求：
　　1　检查接地轨与支架底座间、接地轨接头处接触是否良好，螺栓是否紧固，及时调整并对各连接螺栓逐一进行紧固，并涂油防腐。
　　2　检查接地轨有无裂纹、过热变色、烧伤痕迹，沿线布置平顺，对有裂纹、烧伤严重的及时进行更换。
　　3　检查接地线与底座及接地轨的连接是否牢固可靠，接地线的固定是否稳固，及时调整，对各连接螺栓逐一进行紧固，并涂油防腐。
　　4　检查接地线连接的接地体电阻是否符合设计要求，对不达标的及时进行降阻处理。

7.4.11　1500V直流电缆半年检应满足以下要求：

1 检查电缆头、套管引线和接线盒、电器连接螺栓，应紧固、无发热、松动，及时调整并对各连接螺栓逐一进行紧固。

2 检查电缆头连接，应无电晕，线路区间的电缆支架、电缆头接地的连线无发热，电缆排列整齐、固定牢靠，且不受张力。

3 检查铠装无松散、无严重锈蚀和断裂，弯曲半径符合规定，电缆外露部分保护管应完整无损，且固定牢靠，对情况严重的及时进行更换。

7.4.12 避雷器半年检应满足以下要求：

1 检查避雷器安装位置及安装状况是否良好。

2 清扫检查绝缘子、构架、柜体。

3 设备涂油，外壳清扫。

4 检查避雷器的接地电阻值不大于10Ω，对电阻不达标的及时进行降阻处理。

5 检查接地装置、整修基础，构架螺栓是否松动，及时调整并对各连接螺栓逐一进行紧固。

7.4.13 接地装置半年检应满足以下要求：

1 对各种接地设备进行全面详细检查，对不符合要求的内容进行维护处理。

2 检查接地扁铝与支架底座间、接地扁铜接头处接触是否良好，螺栓是否紧固，及时调整并对各连接螺栓逐一进行紧固。

3 检查接地扁铝有无裂纹、过热变色、烧伤痕迹，沿线布置应平顺、不应落于道床面上，对有裂纹、烧伤严重的及时进行更换。

4 检查接地跳线与底座及接地扁铝的连接是否牢固可靠，接地跳线的固定是否稳固，按力矩要求将各连接螺栓逐一紧固。

5 检查接地装置的接地电阻值不大于4Ω，对电阻不达标的及时进行降阻处理。

7.5 年检

7.5.1 钢铝复合轨年检应满足以下要求：

1 检查钢铝复合轨有无变形、破损、磨损、灼伤，紧固力矩是否符合规定等。按力矩要求将各连接螺栓逐一紧固，对变形、破损、磨损、灼伤严重的及时进行更换。

2 全面详细检查、测量定位点的钢铝复合轨受流面至轨面的高度、至轨面中心线的限界及受流面的平行度，做好记录，利用专用工具对不达标的及时进行调整。

7.5.2 中间接头年检应满足以下要求：

1 检查接触轨的连接状态，紧固螺栓有无松动，按力矩要求将各连接螺栓逐一紧固。

2 检查接头处绝缘支架和接触轨受力后有无明显变形，按力矩要求将各连接螺栓逐一紧固。

3 检查中间接头的卡块与绝缘支架的间隙，如是因锚段内绝缘子与接触轨卡滞，调整对应的绝缘子使接触轨能顺畅滑动。

4 检查两连接板接触面是否清洁，应及时进行清扫。

5 检查紧固力矩是否符合规定，按力矩要求将各连接螺栓逐一紧固。

7.5.3 绝缘支撑装置年检应满足以下要求：

1 检查绝缘器件是否有破损、裂纹，绝缘器件是否有烧伤，检测放电痕迹指标，对绝缘参数不达标的及时进行更换。

2 检查绝缘支撑装置螺栓等紧固状况和螺栓涂油防腐情况。

3 检查绝缘性能，测量空气安全距离是否符合规定，对不达标的及时进行调整。

7.5.4 端部弯头年检应满足以下要求：

1 定期对端部弯头进行全面详细检查，按运营期间列车强度现场损耗情况确定，对不合要求的内容进行维护处理。

2 检查端部弯头本体烧伤、撞伤和变形等情况，测量端部弯头工作高度、钢铝复合轨偏移值。

7.5.5 膨胀接头年检应满足以下要求：

1 定期检查膨胀接头有无过热变色、烧伤现象，按运营期间列车强度现场损耗情况确定，对情况不严重的要及时进行清扫，严重情况下要及时更换。

2 检查膨胀接头磨损是否均匀，补偿间隙过渡是否平滑，对情况不严重的要及时打磨处理，情况严重的要及时更换。

3 检查膨胀接头所有紧固件是否松动，对相应的绝缘支架各连接螺栓逐一进行紧固。

4 检查补偿间隙的大小，与温度曲线核对；对超出误差范围的，检查膨胀接头滑动是否顺畅，调节使其顺畅；如是因锚段内绝缘子与接触轨卡滞，调整对应的绝缘子使接触轨能顺畅滑动。

5 检查膨胀接头的电气连接状况，按力矩要求对各连接螺栓逐个紧固。

7.5.6 中心锚结年检应满足以下要求：

1 定期检查锚固组件与钢铝复合轨的连接状态，紧固螺栓有无松动，检查时间根据运营列车强度现场损耗情况确定，按力矩要求将各连接螺栓逐一紧固。

7.5.7 分段绝缘器年检应满足以下要求：

1 检查距轨面高度及平行轨面情况，利用专用工具及时进行调整。

2 检查相对线路中心的位置，利用专用工具及时进行调整。

3 检查与接触轨接头、过渡状况，要求过渡平滑，对超出误差范围的及时进行调整。

4 检查螺栓紧固状态并涂油防腐。

5 检查绝缘部件状态并清扫。

6 检查道岔处分段绝缘器对接部分受电靴接触面平行情况，道岔转动过程中是否有卡滞情况。

7 在分段供电的情况下检查临近非供电区段的绝缘情况，对绝缘性能不达标的及时进行更换。

7.5.8 电缆连接板年检应满足以下要求：

1 检查电缆接线板周围有无过热变色现象，及时调整并对各连接螺栓逐一进行紧固。

2 检查电缆接线板与钢铝复合轨的连接状态，及时调整并对各连接螺栓逐一进行紧固。

3 检查电缆接线端子与电缆接线板的连接是否牢固可靠，及时调整并对各连接螺栓逐一进行紧固。

4 检查电缆接线端子的压接处有无松动及异常，及时调整并对各连接螺栓逐一进行紧固。

5 检查电缆的弯曲走向是否符合要求，电缆接线端子及电缆不应向走行轨中心倾斜，如倾斜应及时修整。

6 检查电缆表面有无损伤，电缆固定是否稳固，电缆绝缘层有无老化变色及表皮剥落现象，情况严重的要对电缆进行更换。

7.5.9 接地轨年检应满足以下要求：

1 检查接地轨与支架底座间、接地轨接头处接触是否良好，螺栓是否紧固，及时调整并对各连接螺栓逐一进行紧固，并涂油防腐。

2 检查接地轨有无裂纹、过热变色、烧伤痕迹，沿线布置应平顺，对有裂纹、烧伤严重的及时进行更换。

3 检查接地线与底座及接地轨的连接是否牢固可靠，接地线的固定是否稳固，及时调整并对各连接螺栓逐一进行紧固，并涂油防腐。

4 定期检查接地线连接的接地体电阻是否符合设计要求，对不达标的及时进行降阻处理。

7.5.10 磨耗测量年检应满足以下要求：

1 检查不锈钢带受流面的磨损是否均匀，测量不锈钢带的磨耗，重点测量接头处、膨胀接头处、锚固组件处、端部弯头始端及其他磨耗严重的点，情况严重的及时进行更换。

2 检查钢铝复合轨道岔滚动支点处槽口，滚动头滚动范围内轨体磨耗情况，及时对滚动支点在接触轨内侧滑动路径进行清扫，对卡滞变形的要及时进行更换。

7.5.11 1500V直流电缆年检应满足以下要求：

1 检查电缆头、套管引线和接线盒、电器连接螺栓检查应紧固、无发热、松动，及时调整并对各连接螺栓逐一进行紧固。

2 电缆头连接应无电晕，线路区间的电缆支架、电缆头接地的连线是否发热，检查电缆排列整齐、固定牢靠，且不受张力。

3 检查铠装无松散，无严重锈蚀和断裂，弯曲半径符合规定，电缆外露部分保护管应完整无损，且固定牢靠，情况严重的及时进行更换。

7.5.12 避雷器年检应满足以下要求：

1 检查避雷器安装位置及安装状况是否良好。

2 清扫检查绝缘子，构架，柜体。

3 设备涂油，外壳清扫。

4 更新不合标准的避雷器。

5 检查接地装置、整修基础，构架螺栓是否松动，及时调整并对各连接螺栓逐一进行紧固。

7.5.13 接地装置年检应满足以下要求：

1 对各种接地设备进行全面详细检查，对不符合要求的内容进行维护处理。

2 检查接地扁铝与支架底座间、接地扁铜接头处接触是否良好，螺栓是否紧固，及时调整并对各连接螺栓逐一进行紧固。

3 检查接地扁铝有无裂纹、过热变色、烧伤痕迹，沿线布置应平顺、不应落于道床面上，对有裂纹、烧伤严重的及时进行更换。

4 检查接地跳线与底座及接地扁铝的连接是否牢固可靠，接地跳线的固定是否稳固，按力矩要求将各连接螺栓逐一紧固。

7.6 大修

7.6.1 接触轨系统大修是恢复性的彻底修理，应根据日常运行中存在的问题，有针对性地采取安全可靠、技术先进的有效措施，着重解决薄弱环节，使大修后的接触轨在供电能力、供电质量、技术水平及安全可靠性方面有较大的提高。

7.6.2 大修应更换不合标准的接触轨、绝缘支持装置、膨胀接头和分段绝缘器。

7.6.3 大修后的接触轨系统应达到同时期新建工程的技术标准，至少要保证一个大修期内的正常运行。

7.6.4 特殊情况下可安排局部大修，具体方案应根据实际情况制定。

7.6.5 接触轨系统大修年限应根据实际的设备质量鉴定结果确定。

7.7 维护验收

7.7.1 维护验收的各项指标应根据现有的国家及地方验收标准确定。

7.7.2 接触轨各部件每次检修、维修后，均应填写设备检修记录表；各部件大修后，应填写设备大修（改造）竣工验收报告并附检修试验记录，报请有关单位验收，验收合格后方能投入运行。

7.7.3 大修更换接触轨之后，接触轨系统电压值应满足本规范附录 G 中表 G.1 的要求。

7.7.4 连接螺栓紧固力矩按现行国家标准执行，具体值应符合本规范附录 G 中表 G.2 的要求。

7.7.5 接触轨及附件的电阻为 20℃时应不大于 $0.0083\Omega/km$；钢铝复合轨温升为 45℃时，连续载流量不小于 DC3000A。膨胀接头温度补偿表应满足本规范附录 G 中表 G.3 的要求。

7.7.6 不锈钢带厚度应不小于 4.8mm，在受流器通过 70 万次后的磨耗量应不超过 0.05mm；不锈钢带的厚度应保证在受流器年通过 70 万次的条件下的寿命不低于 70 年。

7.7.7 钢铝复合轨应光滑平整，端面应与轴线垂直。

7.7.8 绝缘支撑装置的检查验收内容和标准应满足以下要求：
 1 绝缘支撑装置各组成部件应完整、清洁、无破损。
 2 绝缘支撑装置的仰俯角度，垂直于线路方向的距离不得有变化。
 3 各连接螺栓不得有松动。

7.7.9 端部弯头的检查验收内容和标准应满足以下要求：
 1 端部弯头处接触轨不得有明显灼伤痕迹。
 2 端部弯头处与线路中心的垂直距离不得大于允许偏差值。
 3 相邻两端部弯头的间距不得大于允许偏差值。

7.7.10 膨胀接头的检查验收内容和标准应满足以下要求：
1 膨胀接头处磨损均匀，补偿间隙过渡平滑。
2 膨胀接头螺栓紧固力矩符合规定，螺栓涂油防腐到位。
3 膨胀接头处受流面与轨面的高度平顺。
4 膨胀接头补偿间隙的大小与温度曲线匹配。
5 膨胀接头的电气连接可靠。

7.7.11 避雷器的检查验收内容和标准应满足以下要求：
1 避雷器的接地端子电阻应不大于10Ω。
2 避雷器绝缘子应保持清洁，构架及柜体完好无损。
3 避雷器与设备基础连接螺栓紧固力矩符合设计标准。

8 信号系统

8.1 一般规定

8.1.1 信号维护工作应坚持安全第一、预防为主的方针，贯彻预防与维修相结合的原则，确保信号设备运用状态良好。

8.1.2 信号维护应考虑安全、服务、成本等总体目标，结合设备特性，规划相应的维修策略和维修规程，并根据设备质量管理体系要求持续改进。

8.1.3 信号维护应制订应急预案，并加强演练，提升应急处置能力；对信号系统降级功能，至少每年进行一次测试。

8.1.4 信号维护应制订紧急抢修预案。当设备故障后，通过重启、复位、调整、部件替换等基本操作，为快速恢复设备的基本功能，维持设备正常运行，实现运营服务而进行相应的紧急抢修作业。

8.1.5 磁浮线路信号的维护主要包括日常养护、中修、大修：
1 日常养护应包括外观检查、状态检查、功能检查、清扫、润滑、调整、易损件更换、数据备份等常规性维修作业。
2 信号中修属恢复性修理，应对达到规定使用周期的设备及部件进行更换等维修作业，使现场信号设备的电气和机械特性符合技术标准，安全可靠地使用到下一轮中修或大修。
3 信号大修属解体性修理，应积极采用新技术、新器材、新工艺，对达到设计寿命（时间或次数）的设备进行更换等维修作业。

8.1.6 信号系统的维护工作除应符合本规范外，还应符合现行交通运输行业标准《城市轨道交通运营设备维修与更新技术规范》（JT/T 1218）相关规定。

8.2 日常养护

8.2.1 信号设备日常养护应包括日巡检、周巡检或双周检、月检、季检、半年检及年检，同时应针对设备特点制订专项维护方案。

8.2.2 继电器日常养护应检查和保养如下内容：
1 继电器的外罩应完整、清洁、明亮、封闭良好，封印完整。
2 继电器的可动部分与导电部分不能与外罩相碰。
3 所有金属零件的防护层，不得有龟裂、融化、脱落及锈蚀等现象。端子板、线圈架应无影响电气特性、机械强度的破损及裂纹。
4 磁极应保持清洁平整，不得有铁屑或其他杂物。衔铁动作灵活，不得卡阻。接点应清洁平整，不得有严重的烧损或发黑。接点引接线应不影响接点动作，并无歪斜、碰混及脱落、腐蚀等现象。
5 线圈参数、电气和时间特性根据不同继电器的技术指标确定。
6 继电器日常养护内容、周期及质量标准应符合本规范附录 J.1 的规定，运营单位可根据运营线路及设备特点进行调整。

8.2.3 发光二极管（LED）信号机日常养护应检查和保养的主要内容应包括：
1 灯丝报警仪无报警。
2 信号机、机柱外观良好无损坏。
3 机构和箱盒无尘、内部清洁无杂物。
4 配线、螺丝无松动，引入线良好。
5 防水、防尘、防潮措施良好。
6 信号机显示距离、变压器电压符合设计规范要求。
7 LED 信号机日常养护内容、周期及质量标准应符合本规范附录 J.2 的规定，运营单位可根据运营线路及设备特点进行调整。

8.2.4 轨旁应答器日常养护应检查和保养的主要内容应包括：
1 外观、应答器安装架良好无损坏。
2 周边无石块、金属件等杂物。
3 配线、螺丝无松动，引入线良好。
4 防水、防尘、防潮措施良好。
5 轨旁应答器日常养护内容、周期及质量标准应符合本规范附录 J.3 的规定，运营单位可根据运营线路及设备特点进行调整。

8.2.5 计轴设备日常养护应检查和保养的主要内容应包括：
1 计轴室内主机应外观良好、部件齐全，各指示灯及仪表应指示正确。
2 计轴设备磁头和轨旁接线盒各部件紧固；安装支架无裂纹、无锈蚀，外壳无损伤。
3 配线、螺丝无松动，引入线良好。
4 每日运营结束，应检查列车底部模拟车轮感应板，保证其状态良好，无松动，无撞击变形。
 5 电缆无破损、无侵限。
 6 计轴日常养护内容、周期及质量标准应符合本规范附录 J.4 的规定，运营单位可根据运营线路及设备特点进行调整。

8.2.6 电源设备日常养护应检查和保养的主要内容应包括：
 1 室内主机柜灯位显示正常，系统运行状态正常，电源监测系统无告警信息。
 2 配线、螺丝无松动，引入线良好，风扇运转正常。
 3 蓄电池单元电压测试、放电测试符合规范要求。
 4 电源设备连接件及配线紧固。
 5 防雷及接地设施正常。
 6 两路电源切换正常。
 7 UPS 旁路、断电试验、模块均流和冗余功能测试符合设计规范要求。
 8 电源设备日常养护内容、周期及质量标准应符合本规范附录 J.5 的规定，运营单位可根据运营线路及设备特点进行调整。

8.2.7 车载列车自动防护/列车自动运行（ATP/ATO）设备的修程修制尽量与车辆检修工作相匹配，特殊情况下可单独制订。车载 ATP/ATO 设备日常养护应检查和保养的主要内容应包括：
 1 列车自动控制（ATC）系统主机柜各灯位显示正常，系统运行状态正常。
 2 外观清洁，配线、螺丝无松动，引入线良好。
 3 下载车载设备运行数据并检查各类信息是否正常。
 4 检查应答器天线输出功率、同轴电缆电压驻波比是否正常；天线表面应无损伤，角度无倾斜。
 5 列车操作显示面板（TOD）显示清晰，图标完整，触点无漂移。
 6 传感器、加速度计等设施螺栓紧固，加速度计水平测试结果符合设计规范要求。
 7 车载 ATP/ATO 主要维护内容、周期及质量标准应符合本规范附录 J.6 的规定，室内 ATP/ATO 设备维护内容、周期及质量标准应符合本规范附录 J.7 的规定，运营单位可根据运营线路及设备特点进行调整。

8.2.8 列车自动监控（ATS）设备日常养护应检查和保养的主要内容应包括：
 1 ATS 各服务器机柜灯位显示正常，系统运行状态正常。
 2 ATS 各服务器机柜外观、内部清洁，配线、螺丝无松动，引入线良好。
 3 ATS 服务器中央处理器（CPU）、内存、硬盘、各进程状态正常。
 4 各服务器风扇功能正常。
 5 ATS 主备切换功能正常。
 6 定期重启相关服务器。

7 软件和数据备份。
8 工作站外观和使用功能检查正常。
9 工作站运行正常，状态栏无异常提示。
10 ATS 设备日常养护内容、周期及质量标准应符合本规范附录 J.7 的规定，运营单位可根据运营线路及设备特点进行调整。

8.2.9 道岔电气控制设备日常养护应检查和保养的主要内容应包括：
1 道岔供电装置外观检查、运行状态检查正常。
2 道岔供电装置内部清洁，配线、螺丝无松动，引入线良好，各类断路器正常。
3 道岔供电装置风扇功能正常。
4 道岔供电装置双电源切换正常。
5 测量转辙电机、锁闭电机的电流值和线圈绕组、绝缘电阻应符合设计规范要求。
6 控制柜外观和运行状态正常。
7 控制柜接地电阻、输入输出电压测试应符合设计规范要求，柜内无进水、锈蚀，柜内照明、指示灯、按钮、开关、显示器功能正常。
8 控制柜内清洁无尘、各部件紧固无松动。
9 接触器、安全继电器状态正常。
10 行程开关、撞块状态良好、无卡阻，行程开关触点接触电阻测试应符合设计规范要求。
11 道岔电气控制设备日常养护内容、周期及质量标准应符合本规范附录 J.8 的规定，运营单位可根据运营线路及设备特点进行调整。

8.3 中修

8.3.1 中修应统筹安排，与运营公司重点整修项目、基建或更新改造工程相结合，根据不同等级设备实际状况，确定具体的中修项目和内容。

8.3.2 继电器中修主要内容应包括：
1 对加强接点继电器进行检查和性能测试，并更换不良部件。
2 校准时间继电器延时参数，性能下降无法校准时予以更换。

8.3.3 电源设备中修主要内容应包括：
1 对通风防尘部件进行检查测试，更换不良部件。
2 对小型不间断电源（UPS）（5kVA 及以下）进行整机下线测试，经维护后恢复设备正常性能；对大型 UPS 进行内部滤波电容测试，性能不良者予以更换，经维护后恢复设备正常性能。

8.3.4 车载设备中修主要内容应包括：
1 对通风防尘部件进行检查测试，更换不良部件。
2 对接收/发送天线装置进行性能测试，更换不良部件。
3 对锈蚀、氧化部件进行更换，补强放松防脱设施。
4 检查螺栓、螺母紧固力矩是否符合设计规范要求，力矩不足时予以紧固。

8.3.5 数据通信系统（DCS）设备中修主要内容应包括：
1 对通风防尘部件进行检查测试，更换不良部件。
2 测试误码率和光功率，不符合相关标准和设计规范要求时进行调整。

8.3.6 各类服务器和工作站中修主要内容应包括：
1 根据设备特点进行性能测试，更换不良部件。
2 对于可维护部件，经维护后恢复设备性能。

8.4 大修

8.4.1 信号大修应根据批准的计划，由承修单位或技术部门提出大修内容、质量标准、费用和工时等设计施工文件，报请批准后方能实施大修。

8.4.2 一般信号设备寿命周期为15年；安全冗余型计算机联锁设备寿命周期为15年；双机热备型计算机联锁、集中监测等电子系统设备寿命周期一般为10年。在评估质量状态良好的基础上，可依据评估结果延期使用，延长期限最长不得超过信号设备寿命周期5年。

8.4.3 服务器、工作站应结合系统设备性能需求，选用与原设备型号相同或兼容的设备进行整机或部件更换。

8.4.4 路由器、交换机、磁盘阵列等网络和存储设备应通过整机或部件更换的方式，结合系统设备性能需求选用与原设备型号相同或兼容的设备设施。

8.4.5 电源设备大修主要内容应包括：
1 对于电源屏、蓄电池和5kVA以上大容量UPS应结合系统设备性能需求，选用与原设备型号相同或兼容的设备进行整机或部件更换。
2 5kVA及以下小容量UPS应选用与原设备型号相同或兼容的设备整机更换。

8.4.6 车载发送/接收天线和测速装置应结合系统设备性能需求，选用与原设备型号相同或兼容的设备进行整机或部件更换，各项参数应通过合格性测试。

附录 A 桥涵、隧道与低置结构记录表

表 A.1 常规巡视检查记录表

检查单位					
序号	里程或结构物名称	病害描述	扣分等级	处理情况	影像编号
1					
2					
3					
报告和建议：					

检查人：_____ 复核人：_____ 日期：_____

表 A.2 桥涵定期检查记录表

检查单位			检查日期			
线路名称			区间名称			
起止里程			线别			
序号	检查部位	检测项目	竣工值	实测值	偏差	维修建议	报告编号
1		挠度					
2		梁缝宽度					
3		沉降					
4		支座位移					
序号	检查部位	检测项目	病害位置、尺寸	维修建议	报告编号	
5						
6						
7						
8						
报告事项：						

检查人：_____ 复核人：_____ 日期：_____

表 A.3 隧道定期检查记录表

检查单位			检查日期		
线路名称			区间名称		
起止里程			线别		
序号	检查部位	检测项目	竣工值	实测值	偏差	维修建议	报告编号
1	衬砌空间	内空尺寸					
2	排水	坡度					
3	隧道	中线					
4		沉降					
序号	检查部位	检测项目	病害位置、尺寸		维修建议	报告编号	
5							
6							
7							
报告事项：							

检查人：_____ 复核人：_____ 日期：_____

表 A.4 低置结构定期检查记录表

检查单位			检查日期		
线路名称			区间名称		
起止里程			线别		
序号	检查部位	检测项目	竣工值	实测值	偏差	维修建议	报告编号
1	挡护结构	坐标					
2	路基外形	宽度					
3		高度					
4		边坡					
序号	检查部位	检测项目	病害位置、尺寸		维修建议	报告编号	
5	挡护结构	裂纹					
6	排水沟	外观和坡度					
7	里程	路基沉降					
报告事项：							

检查人：_____ 复核人：_____ 日期：_____

表 A.5 低置结构_____段质量评定记录表

名称：

编号	项 目	单位	评 定 日 期					
			里程：		里程：		里程：	
			缺点数	扣分值	缺点数	扣分值	缺点数	扣分值
1-1								
1-2								
……								
评定情况	扣分总计							
	平均扣分							
	质量评定							
	评定人							

表 A.6 低置结构质量评定汇总表

名称：

顺 序	结 构 本 体		排 水 设 施		防 护 加 固		评定等级
	评定日期	质量等级	评定日期	质量等级	评定日期	质量等级	

填表人：_____   评定小组组长：_____   调表日期：_____年___月___日

附录 B 桥梁状态评定

桥梁状态评价应分为四个分项：桥面系分项 BCI_m、梁体分项 BCI_l、支座分项 BCI_z、墩台分项 BCI_d。每个分项的基础分为 100 分，并逐跨进行评价。

B.1 桥面系分项 BCI_m

桥面系分项状态指数 BCI_m 按公式（B.1）计算

$$BCI_m = 100 - \sum_{i=1}^{5} S_i \times W_i \qquad (B.1)$$

式中：S_i——桥面结构第 i 跨结构分项的扣分值，见表 B.1-1；

W_i——桥面结构第 i 跨结构分项的权重，见表 B.1-2。

表 B.1-1 桥面系分项状态评分表

分项名称	检查项目	损坏评价 程度	扣分值	说明
疏散平台、栏杆	锈蚀、开裂、锚栓稳固性	轻微	5	出现不大于 10% 的轻微锈蚀、油漆开裂，锚固螺栓缺油脂保护
		中等	15	出现 10%～20% 锈蚀、油漆脱落，锚固螺栓缺油脂干枯
		较重	30	出现 20%～50% 的锈蚀、油漆大面积脱落，锚固螺栓锈蚀，或周边混凝土开裂
		严重	50	出现大于或等于 50% 的锈蚀、油漆大面积脱落，有层状老锈，锚固螺栓松动，支撑架、板接近失稳
梁面防水	防水涂层失效	轻微	5	梁面防水涂层出现不大于 10% 面积鼓包或气孔
		中等	15	梁面防水涂层出现 10%～20% 鼓包，局部开裂
		较重	30	梁面防水涂层出现 20%～50% 鼓包，开裂
		严重	50	梁面防水涂层出现大于或等于 50% 鼓包，开裂、翘皮
排水设施	堵塞	轻微	5	排水管基本完好、有尘土导致少量积水现象
		中等	15	排水管出现轻微堵塞、局部有积水现象
		较重	30	排水管出现损坏、梁体泄水孔附近长期潮湿
		严重	50	排水管失效、梁体、墩台受到污染
伸缩缝	黏结	轻微	5	轻微：伸缩缝黏结局部不密贴、局部有缝隙，无漏水
		中等	15	伸缩缝黏结出现不超过 20% 黏结面脱落，翘曲，有漏水现象
		较重	30	伸缩缝黏结出现 20%～50% 黏结面脱落，翘曲，局部漏水

表 B.1-1（续）

分项名称	检查项目	损坏评价 程度	损坏评价 扣分值	说 明
伸缩缝	黏结	严重	50	伸缩缝黏结出现大于50%黏接面脱落，翘曲，橡胶老化开裂，严重漏水
冰雪堆积	厚度	轻微	5	道岔堆积厚度≤5cm
		中等	15	5cm＜堆积厚度≤20cm
		较重	30	20cm＜堆积厚度≤50cm，影响道岔联动
		严重	50	道岔堆积厚度＞50cm，道岔不能联动或疏散平台失稳

表 B.1-2 桥面系各结构单体的权重

序 号	结 构 单 体	权重（W_i）
1	疏散平台	0.25
2	梁面防水	0.15
3	伸缩缝	0.25
4	排水设施	0.20
5	冰雪堆积	0.15

B.2 梁体分项 BCI_1

梁体分项状态指数 BCI_1 按公式（B.2）计算

$$BCI_1 = 100 - \sum_{i=1}^{5} S_i \times W_i \qquad (B.2)$$

式中：S_i——结构第 i 跨结构分项的扣分值，见表 B.2-1；

W_i——梁体结构第 i 跨结构分项的权重，见表 B.2-2。

表 B.2-1 梁体分项评分表

分项名称	检查项目	损坏评价 程度	损坏评价 扣分值	说 明
梁体状态	梁体裂纹	轻微	5	梁体出现裂纹，宽度≤0.2mm，封锚端裂纹≤0.25mm
	裂缝宽度	中等	15	梁体出现裂缝，0.2mm＜裂缝宽度≤0.3mm；封锚端出现裂缝，0.25mm＜裂缝宽度≤0.4mm
		较重	30	梁体裂缝宽度＞0.3mm或封端混凝土开裂脱落
		严重	50	梁体出现混凝土掉块，钢筋外露
	中横梁裂纹	轻微	5	裂缝宽度≤0.25mm
	横隔板断裂	中等	15	0.25mm＜裂缝宽度≤0.4mm
		较重	30	0.4mm＜裂缝宽度≤1mm
		严重	50	1mm＜裂缝宽度≤2mm，出现掉块，露筋

表 B.2-1（续）

分项名称	检查项目	损坏评价 程度	损坏评价 扣分值	说　明
梁体状态	沉降和中线偏移	轻微	5	相对竣工高程沉降≤2mm 或每米高倾斜≤1mm
		中等	15	相对竣工高程沉降≤3mm 或每米高倾斜≤1.5mm
		较重	30	相对竣工高程沉降≤4mm 或每米高倾斜≤2mm
		严重	50	相对竣工高程沉降≥5mm 或每米高倾斜≥2mm
	静挠度	轻微	5	相对设计挠度偏差为±2mm
		中等	15	相对设计挠度偏差为±4mm
		较重	30	相对设计挠度偏差为±6mm
		严重	50	相对设计挠度偏差为±8mm
	梁缝宽度	轻微	5	相对设计梁缝宽度偏差为±5mm
		中等	15	相对设计梁缝宽度偏差为±10mm
		较重	30	相对设计梁缝宽度偏差为±20mm
		严重	50	相对设计梁缝宽度偏差为±30mm

表 B.2-2 梁体各结构单体的权重

序　号	结构单体	权重（W_i）
1	梁体裂纹	0.15
2	中横梁裂纹	0.10
3	沉降和中线偏移	0.20
4	静挠度	0.35
5	梁缝宽度	0.20

B.3 支座分项 BCI_z

支座分项状态指数 BCI_z 按公式（B.3）计算

$$BCI_z = 100 - \sum_{i=1}^{4} S_i \times W_i \qquad (B.3)$$

式中：S_i——支座结构第 i 跨结构分项的扣分值，见表 B.3-1；

W_i——支座结构第 i 跨结构分项的权重，见表 B.3-2。

表 B.3-1 支座分项评分表

分项名称	检查项目	损坏评价 程度	损坏评价 扣分值	说　明
球形支座	支座状态	轻微	5	上支座板与梁底间隙≤0.1mm，上下支座板中线偏移量≤0.2mm。上下支座板基本平行，锚栓、螺栓无松动
		中等	15	0.1mm＜上支座板与梁底间隙≤0.3mm，或0.1mm＜上下支座板中线偏移量≤0.4mm。上下支座板高度偏差≤2mm，锚栓、螺栓有松动或锚栓有弯曲

表 B.3-1（续）

分项名称	检查项目	损坏评价 程度	损坏评价 扣分值	说　明
球形支座	支座状态	较重	30	0.3mm＜上支座板与梁底间隙≤0.4mm，或 0.4mm＜上下支座板中线偏移量≤0.7mm，2mm＜上下支座板高度偏差≤4mm，或有锚栓剪断
		严重	50	0.4mm＜上支座板与梁底间隙≤0.5mm，或上支座板中线偏移量＞0.7mm。4mm＜上下支座板高度偏差≤6mm，或锚栓有 2 颗以上剪断
	锈蚀	轻微	5	上下板、螺栓轻微锈蚀，油漆小面积剥落
		中等	15	上下板、螺栓锈蚀，油漆剥落面积达到 30%
		较重	30	上下板、螺栓有锈蚀，油脂干枯，油漆剥落面积达到 50%
		严重	50	上下板、螺栓有层状锈蚀，油漆剥落
	垫石	轻微	5	强度符合设计要求，有不大于 0.2mm 的裂纹
		中等	15	下垫板灌注不密实，缝隙≤1mm；垫石之间强度差异＞10MPa；0.2mm＜垫石裂缝宽度≤0.3mm
		较重	30	下垫板灌注不密实，1mm＜缝隙≤2mm；0.3mm＜垫石裂缝宽度≤0.4mm
		严重	50	下垫板灌注不密实，有不大于 3mm 的缝隙，0.4mm＜垫石裂缝宽度≤0.6mm，或垫石混凝土有压溃破坏
	支座位移	轻微	5	多项活动支座纵向位移量≤30mm，或横向位移量≤10mm。转角≤±0.02rad。支座类型和桥梁坡度基本吻合
		中等	15	30mm＜多项活动支座纵向位移量≤32mm，或 10mm＜横向位移量≤12mm。0.02rad＜转角≤±0.03rad。支座类型和桥梁坡度不吻合，水平调整量≤15mm
		较重	30	32mm＜多项活动支座纵向位移量≤35mm，或 12mm＜横向位移量≤15mm。0.03rad＜转角≤±0.05rad。支座类型和桥梁坡度不吻合，支座竖向调高量≤20mm，或 15mm＜水平调整量≤20mm
		严重	50	多项活动支座纵向位移量≥38mm，或 15mm＜横向位移量≥18mm。转角＞±0.05rad。支座类型和桥梁坡度不吻合，支座竖向调高量＞20mm，或水平调整量＞20mm，支座的四角高差大于 2mm

表 B.3-2　支座各结构单体的权重

序　号	结构单体	权重（W_i）
1	支座状态	0.30
2	锈蚀	0.15
3	垫石	0.25
4	支座位移	0.30

B.4 墩台分项 BCI_d

墩台分项状态指数 BCI_d 按公式（B.4）计算

$$BCI_d = 100 - \sum_{i=1}^{4} S_i \times W_i \qquad (B.4)$$

式中：S_i——墩台结构第 i 跨结构分项的扣分值，见表 B.4-1；
　　　W_i——墩台结构第 i 跨结构分项的权重，见表 B.4-2。

表 B.4-1 墩台分项评分表

分项名称	检查项目	损坏评价 程度	损坏评价 扣分值	说明
墩台	裂缝和腐蚀	轻微	5	墩台裂纹宽度≤0.2mm，有龟裂
		中等	15	0.2mm＜墩台裂缝≤0.4mm，干湿交替处出现白色渗出物。或水冲刷磨损厚度达到5mm以上
		较重	30	0.4mm＜裂缝宽度≤0.8mm；墩台身出现竖向裂缝和水平裂缝，干湿交替处混凝土出现白毛
		严重	50	0.8mm＜裂缝宽度≤1mm；墩台身出现竖向裂缝和水平裂缝，干湿交替处混凝土疏松，或水冲刷磨损后出现露筋
	标识	轻微	5	病害不清晰，不能远距离识别，掉皮，污染
		中等	15	病害不清晰，近距离识别困难，有风蚀磨损
		较重	30	病害标志不全或内容不完整
		严重	50	病害无标志
护锥、护坡	损坏、空洞、下沉	轻微	5	砌体或混凝土有裂纹
		中等	15	砌体或混凝土有裂纹，宽度超过设计限值，局部损坏，但不影响结构功能
		较重	30	砌体或混凝土墙背有空洞，泄水管不泄水，局部垮塌
		严重	50	局部掉块，整体下沉，墙背填料物出现空洞，下沉，维护结构部分失去功能
基础	沉降	轻微	5	沉降小于支座可调高度，且沉降趋于稳定
		中等	15	沉降接近支座可调高度，且沉降不稳定
		较重	30	沉降超过支座可调高度，且沉降不稳定
		严重	50	墩身出现倾斜

表 B.4-2 墩台结构各单体的权重

序号	结构单体	权重（W_i）
1	裂纹和腐蚀	0.25
2	标志	0.10
3	护锥护坡	0.30
4	沉降	0.35

附录 C　涵洞、隧道和低置结构状态评定

C.1　涵洞综合状态指数评分按座进行。综合状态指数 BCI 按公式（C.1）计算

$$\text{BCI} = 100 - \sum_{i=1}^{4} S_i \times W_i \qquad (C.1)$$

式中：S_i——涵洞结构分项病害的总扣分值，见表 C.1-1；

　　　W_i——涵洞结构分项病害的权重，见表 C.1-2；可结合实际情况进行调整。

表 C.1-1　涵洞分项状态评分表

病害类型	损坏评价 程度	损坏评价 扣分值	说　明
端墙、翼墙、护锥变形、裂缝	轻微	5	端墙、翼墙、护锥存在轻微的倾斜或挤出，有裂纹，砌体出现 1 个贯通缝
	中等	15	端墙、翼墙、护锥有局部倾斜或挤出，有裂缝，砌体出现 2~3 个贯通缝
	较重	30	端墙、翼墙、护锥倾斜或挤出，有较大裂缝，出现 4~6 个贯通缝，土体沉陷、护坡骨架破坏
	严重	50	端墙、翼墙、护锥出现错位或局部垮塌，超过 6 个贯通缝，土体滑落
预制涵管错位	轻微	5	预制涵管接头错位≤5mm，裂纹宽度≤0.2mm
	中等	15	5mm＜预制涵管接头错位≤20mm，0.2mm＜裂缝宽度≤0.4mm
	较重	30	20mm＜预制涵管接头错位≤30mm，0.4mm＜裂缝宽度≤0.8mm
	严重	50	30mm＜预制涵管接头错位≤40mm，0.8mm＜裂纹宽度≤1.5mm
涵身开裂、变形或错牙	轻微	5	混凝土墙身裂纹宽度≤0.2mm，变形或错牙≤±5mm
	中等	15	0.2mm＜混凝土墙身裂缝宽度≤0.4mm，5mm＜变形或错牙≤10mm
	较重	30	0.4mm＜混凝土墙身裂缝宽度≤0.8mm，10mm＜变形或错牙≤15mm
	严重	50	0.8mm＜混凝土墙身裂缝宽度≤1.5mm，15mm＜变形或错牙≤20mm

表 C.1-1（续）

病害类型	损坏评价		说　明
	程度	扣分值	
涵身腐蚀、掉块、露筋	轻微	5	混凝土墙身出现白色渗出物，面积≤5%
	中等	15	混凝土墙身出现白色渗出物，5%＜面积≤10%，干湿交替处有混凝土掉皮
	较重	30	混凝土墙身出现白色渗出物，10%＜面积≤15%，干湿交替处有混凝土疏松
	严重	50	混凝土墙身出现白色渗出物，15%＜面积≤20%，干湿交替处有混凝土掉块、露筋
涵洞淤塞	轻微	5	涵洞存在少量杂物，但不影响正常排水
	中等	15	涵洞存在少量淤积物，造成排水不畅
	较重	30	涵洞存在大面积淤塞，积水深度超过10cm
	严重	50	涵洞前后淤塞，堵死

表 C.1-2　涵洞分项病害权重

序　号	分项病害类型	权重（W_i）
1	端墙、翼墙、护锥变形、裂缝	0.20
2	错位，错牙、开裂或变形	0.30
3	涵身腐蚀、掉块、露筋	0.30
4	涵洞淤塞	0.20

C.2　隧道综合状态指数按座评分。综合状态指数 BCI 按公式（C.2）计算

$$BCI = 100 - \sum_{i=1}^{7} M_i \times W_i \tag{C.2}$$

式中：M_i——隧道分项病害总扣分值，见表 C.2-1；
　　　W_i——隧道分项病害权重，见表 C.2-2。

表 C.2-1　隧道分项状态评分表

分项名称	病害类型	损坏评价		说　明
		程度	扣分值	
二次衬砌	裂纹、渗水、腐蚀、掉块	轻微	5	混凝土衬砌裂纹宽度≤0.2mm
		中等	15	0.2mm＜混凝土衬砌裂缝宽度≤0.4mm；轻微渗水，有白色渗出物。沉降缝渗水
		较重	30	0.4mm＜混凝土衬砌裂缝宽度≤0.8mm，有贯通裂纹，或混凝土疏松。渗水呈流淌状
		严重	50	0.8mm＜混凝土衬砌裂缝宽度≤1.5mm；或拱顶渗水，或贯通裂缝，或掉块，或混凝土有白毛，成片混凝土疏松。有可能掉落

表 C.2-1（续）

分项名称	病害类型	损坏评价 程度	损坏评价 扣分值	说明
空间尺寸变形	中线偏移、沉降缝错位	轻微	5	沉降缝的错牙≤4mm，有裂纹
		中等	15	隧道中线偏移设计值≤20mm，沉降缝宽左右差值≤5mm，4mm＜沉降缝错牙≤5mm，或隧道坡高程变化≤20mm
		较重	30	20mm＜隧道中线偏移设计值≤40mm，5mm＜沉降缝宽左右差值≤10mm，5mm＜沉降缝错牙≤10mm，或20mm＜隧道坡高程变化≤40mm
		严重	50	40mm＜隧道中线偏移设计值≤60mm，10mm＜沉降缝宽左右差值≤15mm，10mm＜沉降缝错牙≤15mm，40mm＜隧道坡高程变化≤60mm
疏散通道	支架锈蚀、钢板锈蚀	轻微	5	出现不多于10%的锈蚀、油漆开裂，锚固螺栓缺油脂保护
		中等	15	出现10%~20%锈蚀、油漆脱落，锚固螺栓缺油脂干枯，有松动
		较重	30	出现20%~50%的锈蚀、油漆大面积脱落，锚固螺栓锈蚀，或周边混凝土开裂
		严重	50	出现多于50%的锈蚀、油漆大面积脱落，有层状老锈，锚固螺栓松动，支撑架、板接近失稳
梁体	蜂窝麻面、裂纹、梁缝木板、槽道	轻微	5	梁体混凝土蜂窝麻面，槽道螺栓锈蚀。梁缝沥青木板有缝隙
		中等	15	梁体裂纹宽度≤0.2mm；梁缝沥青木板表层脱落；槽道螺栓转动不灵或受力变形
		较重	30	0.2mm＜梁体裂缝宽度≤0.3mm，梁缝沥青木板腐蚀、掉渣。槽道螺栓锈蚀或槽道周边混凝土有裂纹
		严重	50	0.3mm＜梁体裂缝宽度≤0.4mm，梁缝沥青木板腐蚀失效。槽道变形损坏或槽道被拉出
水沟及盖板	隧道内水沟堵塞盖板裂纹、破损	轻微	5	沟盖板裂纹≤0.2mm
		中等	15	0.2mm＜沟盖板≤0.3mm裂纹，纵横向排水管轻微堵塞
		较重	30	0.3mm＜沟盖板≤0.4mm裂纹，部分破损掉角。纵横向排水管堵塞，能够疏通
		严重	50	0.4mm＜沟盖板≤0.5mm裂纹，损坏缺失。纵横向排水管严重堵塞，不能疏通
洞门	端墙、翼墙、锚固桩变形、护坡骨架裂缝隧道外天沟堵塞或破损	轻微	5	端墙、翼墙有裂缝，砌体或喷锚混凝土有5条以下贯通性裂缝。天沟内有堵塞物
		中等	15	端墙、翼墙局部倾斜或挤出，有裂缝，砌体或喷锚混凝土出现5条以上贯通缝。护坡骨架裂缝≤5mm；天沟裂缝≤2mm

表 C.2-1（续）

分项名称	病害类型	损坏评价 程度	损坏评价 扣分值	说　明
洞门	端墙、翼墙、锚固桩变形、护坡骨架裂缝隧道外天沟堵塞或破损	较重	30	端墙、翼墙倾斜或挤出，裂缝≤10mm，出现10条以上贯通缝。护坡骨架、喷锚混凝土断裂、脱空。2mm＜天沟裂缝≤5mm
洞门	端墙、翼墙、锚固桩变形、护坡骨架裂缝隧道外天沟堵塞或破损	严重	50	端墙、翼墙出现错位或局部垮塌，土体滑落。锚固桩倾斜，有贯通性裂纹。护坡骨架、喷锚混凝土滑落失效。天沟有破损、滑移、失效
仰拱、过渡段	裂纹	轻微	5	洞口仰拱和过渡段混凝土裂纹≤0.2mm
仰拱、过渡段	裂纹	中等	15	0.2mm＜洞口仰拱和过渡段混凝土裂纹≤0.3mm。洞内仰拱横向裂纹≤0.25mm，发展至水沟内
仰拱、过渡段	裂纹	较重	30	0.3mm＜洞口仰拱和过渡段混凝土贯穿裂纹≤0.5mm。0.25mm＜洞内仰拱横向贯穿裂纹≤0.4mm
仰拱、过渡段	裂纹	严重	50	0.5mm＜洞口仰拱和过渡段混凝土贯穿裂纹≤0.8mm。0.4mm＜洞内仰拱横向贯穿裂纹≤0.5mm，梁底有放散性裂纹

表 C.2-2　隧道分项病害权重

序　号	分项病害类型	权重（W_i）
1	二次衬砌	0.25
2	空间尺寸变形	0.20
3	疏散通道	0.15
4	梁体	0.10
5	水沟及盖板	0.10
6	洞门	0.10
7	仰拱、过渡板	0.10

C.3　路基和附属结构的分项评定按逐跨或100m标进行，低置结构综合状态指数按座评分，综合状态指数BCI按公式（C.3）计算

$$BCI = 100 - \sum_{i=1}^{6} M_i \times W_i \quad （C.3）$$

式中：M_i——低置结构分项病害总扣分值，见表 C.3-1；
　　　W_i——低置结构分项病害权重，见表 C.3-2。

表 C.3-1　低置结构分项状态评分表

分项名称	病害类型	损坏评价 程度	损坏评价 扣分值	说　明
路堤	表层封闭沉降骨架护坡绿化梯步	轻微	5	路肩砌体有裂缝，宽度≤1mm；局部表层混凝土有裂纹，宽度≤0.2mm；绿化土流失，植物枯死或绿色植物侵线≤0.5m

表 C.3-1（续）

分项名称	病害类型	损坏评价 程度	损坏评价 扣分值	说　明
路堤	表层封闭沉降骨架护坡绿化梯步	中等	15	路基沉降≤5mm，表层防水混凝土裂缝宽度≤0.3mm
		较重	30	5mm＜路基沉降≤30mm；表层混凝土有贯穿裂纹，裂纹宽度≤0.4mm；骨架护坡裂缝≤5mm；梯步砌体局部错牙≤5mm
		严重	50	路基沉降＞30mm，沿梁体周边混凝土破坏，掉块。骨架护坡滑移超过30mm 表层混凝土挤压脆裂，脱空。梯步破损
梁体	蜂窝麻面裂纹预埋槽道梁缝梁底脱空	轻微	5	梁体混凝土蜂窝麻面，槽道螺栓锈蚀。梁缝沥青木板有缝隙
		中等	15	裂纹宽度≤0.2mm；梁缝沥青木板表层脱落；槽道螺栓转动不灵或受力变形
		较重	30	0.2mm＜裂缝宽度≤0.3mm，梁缝沥青木板腐蚀，掉渣。槽道螺栓锈蚀或槽道周边混凝土有裂纹。梁底脱空，有虹吸现象
		严重	50	0.3mm＜裂缝宽度≤0.4mm，梁缝沥青木板腐蚀失效。槽道变形损坏或槽道被拉出。列车通过时梁体产生弹性晃动
排水设施	基床表面排水侧沟排水天沟排水沟盖板裂缝	轻微	5	基床表层部分地段积水深度≤10mm。侧沟、天沟内有垃圾。沟盖板不平整，不稳固
		中等	15	水沟裂缝宽度≤0.3mm。水沟积水深度≤100mm。坡脚排沟砌体裂缝宽度≤5mm
		较重	30	0.3mm＜水沟裂缝宽度≤0.5mm。水沟积水深度＞100mm。5mm＜坡脚排沟砌体裂缝宽度≤10mm
		严重	50	0.5mm＜水沟裂缝宽度≤0.8mm，水沟破裂渗水。坡脚排沟砌体破裂，堵塞
防护结构	栏杆挂网喷护绿化防护骨架护坡	轻微	5	防护栏杆生锈，或锚固螺栓生锈。道床内有树叶等垃圾。绿化防护成活率≤70%
		中等	15	防护栏杆倾斜，路堑网喷混凝土出现网状可视裂纹，路堤骨架护坡砌体裂缝宽度≤3mm。70%＜绿化成活率≤50%
		较重	30	防护栏杆破损，路堑网喷混凝土掉块，路堤骨架护坡脱空。50%＜绿化成活率≤30%
		严重	50	防护栏杆失效，路堑网喷混凝土大面积掉块，路堤骨架护坡脱空。30%＜绿化成活率≤10%
挡护结构	锚钉框架挡土墙锚固桩边坡砌体	轻微	5	锚钉、框架、挡墙、锚固桩等钢筋混凝土结构物裂纹≤1mm。边坡砌体裂缝≤5mm
		中等	15	1mm＜锚钉、框架、挡墙、锚固桩等钢筋混凝土结构物裂缝≤3mm。5mm＜边坡砌体裂缝≤10mm
		较重	30	锚钉、框架、挡墙、锚固桩等钢筋混凝土结构物贯通性裂缝≤5mm。10mm＜边坡砌体裂缝≤20mm
		严重	50	5mm＜锚钉、框架、挡墙、锚固桩等钢筋混凝土结构物贯通性裂缝≤10mm。边坡砌体有破损，坍塌

表 C.3-1（续）

分项名称	病害类型	损坏评价 程度	损坏评价 扣分值	说　明
过渡段	榫槽积水桥台护锥梁缝沥青木板端墙封闭混凝土裂纹；梁底脱空	轻微	5	榫槽有积水、封闭端混凝土裂纹≤0.2mm。桥台护锥裂缝≤2mm
		中等	15	梁缝沥青木板向上挤出、0.2mm＜封闭端混凝土裂缝≤0.4mm。桥台下梁体脱空。2mm＜桥台护锥裂缝≤5mm
		较重	30	0.4mm＜封闭端混凝土裂缝≤1.0mm。5mm＜桥台护锥裂缝≤10mm
		严重	50	封闭端混凝土贯穿性裂纹≤2mm。桥台护锥裂缝＞10mm

表 C.3-2　低置结构分项病害权重

序　号	分项病害类型	权重（W_i）
1	路堤	0.25
2	梁体	0.20
3	排水设施	0.10
4	防护结构	0.10
5	挡护结构	0.20
6	过渡段	0.15

附录 D 线路标准表

表 D.1 线路状态评定标准

项目	编号	扣分条件	单位	扣分分值	说明
行车	1	列车行驶出现掉点、砸轨、擦轨等现象	处	20	
	2	列车行驶出现晃动、振动等现象	处	5	
线路几何尺寸	1	线路正矢超限	处	4	
	2	曲线线路超高及曲率超限	处	2	
	3	轨道横向及高低误差超限	处	2	
	4	轨道接头错牙超过1mm	处	2	
	5	轨道接缝误差超限	处	1	轨缝在锁轨温度内检查
	6	钢轨出现硬弯,三角坑	处	20	
	7	连接螺栓松动	处	5	
	8	外侧销键脱焊	处	1	
	9	轨排接头盖板、支撑板、螺栓等副F型钢缺失、松动、失效	处	5	
F型钢	1	F轨断面出现严重破损影响行车	处	15	
	2	F型钢锈蚀	处	2	
	3	F型钢表面不洁净	处	1	
感应板	1	不洁净,有缺损	处	1	
	2	螺栓、螺钉、销钉有缺损或失效	处	2	
	3	感应有空鼓或凸起	处	1	
轨枕	1	轨枕弯折影响轨排断面结构尺寸	处	10	
	2	轨枕表面锈蚀	处	1	
	3	轨枕严重破损	处	5	
	4	轨排铭牌丢失、标记不清	处	1	
扣件系统	1	扣件螺栓松动,扣压力不足	处	5	
	2	扣件零部件锈蚀	处	1	
	3	扣件零部件缺失	处	1	
	4	扣件弹性垫板、减振垫片失效	处	2	

表 D.1（续）

项目	编号	扣分条件	单位	扣分分值	说明
承轨台道床	1	承轨台开裂，裂缝为表层裂缝	个	1	
	2	承轨台开裂，裂缝为浅层裂缝	个	1	
	3	承轨台开裂，裂缝为贯通裂缝，影响承轨台结构受力	个	3	
	4	承轨台底部脱空，出现空鼓裂缝	个	3	
	5	承轨台缺棱掉角	个	1	
	6	承轨台表面有蜂窝、麻面、空洞、漏筋等外观质量问题	个	1	
线路标志	1	线路标志缺少或字迹不清	个	1	
设备使用年限	1	轨排达到设计使用年限	项	60	
	2	接头达到设计使用年限	项	60	
	3	扣件达到设计使用年限	项	60	
	4	承轨台达到设计使用年限	项	60	

表 D.2 轨道维护验收标准

序号	项目	检测工具	质量标准
1	轨距误差	磁浮专用轨距尺	1.5mm
2	轨向误差	全站仪、弦线	不大于 1.5mm/4m
3	轨道高低平顺度	全站仪、弦线	不大于 1.5mm/4m
4	轨排磁极面平面度	平尺	不大于 1.5mm/4m
5	轨排其他面沿轨排中线方向直线度	全站仪	不大于 3mm
6	轨排磁极面全长平面度	水平仪	不大于 2mm
7	同一轨排横断面处4个磁极面共面度	平尺	不大于 1mm
8	轨排对接处两导轨之间错位	钢板尺	水平方向不大于1mm；竖直方向不大于1mm
9	轨缝	钢板尺	±2mm
10	感应板线型	钢板尺、弦线	±2mm
11	钢构件锈蚀	目视观察	表面防腐较好，无锈点
12	扣件螺栓扭力	扭力扳手	不小于设计值
13	承轨台质量	裂缝检测仪、钢板尺、塞尺	无裂缝或为表面裂缝（判定方法参照4.2.2条）
14	标志标牌	目视观察、扳手	标志内容清晰、准确，构件牢固，立杆竖直不侵入限界

表 D.2（续）

序号	项　目	检测工具	质　量　标　准
15	车挡	目视观察、扳手	防腐效果较好，无锈蚀； 紧固螺栓完好有效
注：表中轨道维护验收标准是旧轨排维护修理后的验收标准，如果要更换新轨排，新轨排安装后的验收执行现行标准《中低速磁浮交通轨排通用技术条件》（CJJ/T 413）中的要求。			

附录 E 轨道维护相关施工流程图

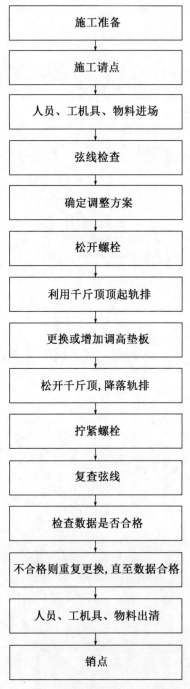

图 E.1 轨排及轨排接头垂向平顺度调整流程图

轨道维护相关施工流程图

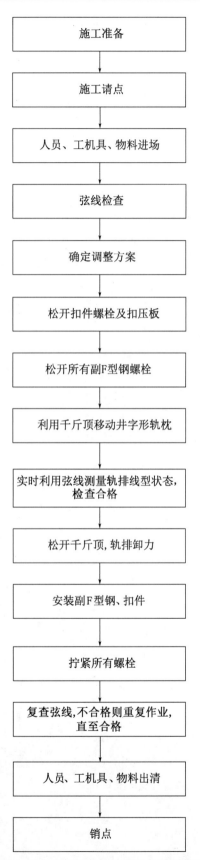

图 E.2 轨排及轨排接头横向误差调整流程图

— 61 —

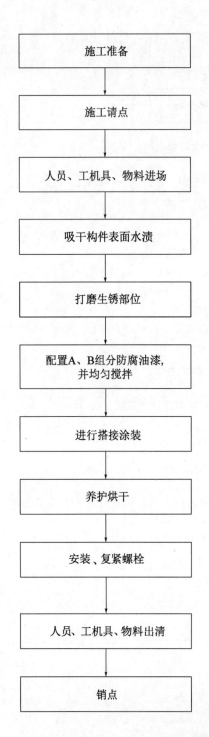

图 E.3 轨排及轨排接头生锈防腐保养流程图

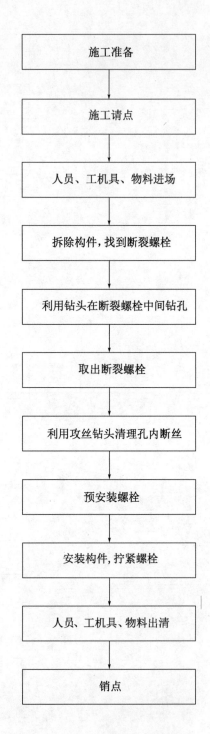

图 E.4 钻孔取丝法作业流程图

轨道维护相关施工流程图

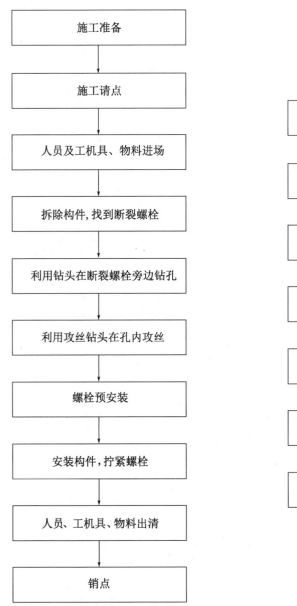

图 E.5 重新钻孔法作业流程图　　图 E.6 扣件系统零部件更换流程图

— 63 —

图 E.7 承轨台浅层裂缝处理流程图　　图 E.8 承轨台表面修补流程图

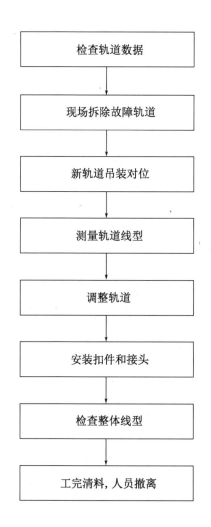

图 E.9 轨排整体更换作业流程图　　图 E.10 F型导轨、轨枕更换作业流程图

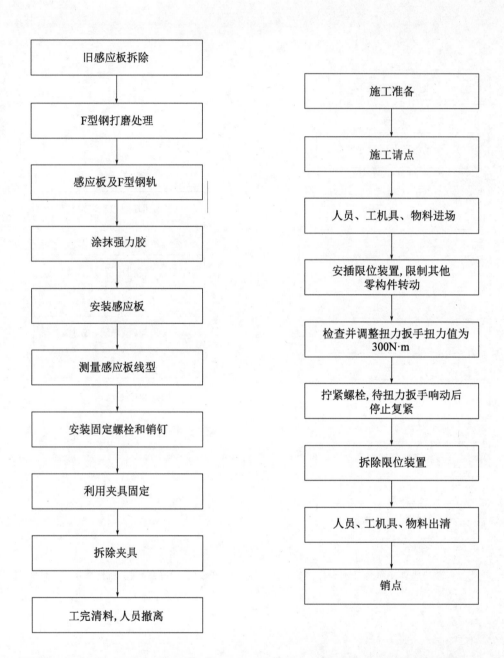

图 E.11 感应板更换作业流程图　　　　图 E.12 螺栓复紧作业流程图

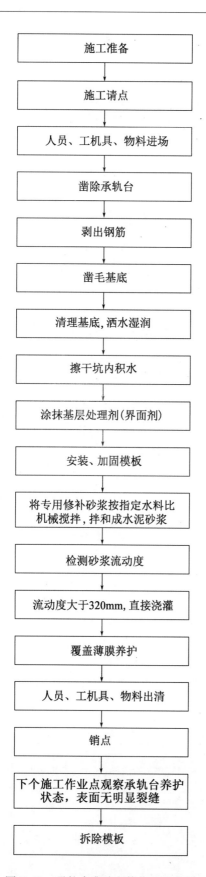

图 E.13 承轨台凿除翻修作业流程图

附录F 道岔专业检查维护记录表

表 F.1 常规检查表

道岔编号：

序号	检查项目		是否有异常（如有异常，请说明）	记录人及时间	处理方案	处理情况及处理时间	备注
1	道岔梁	防腐涂层					
2		焊缝					
3		梁体变形					
4		角平分装置拉杆					
5		安装螺栓					
6		道岔转辙					
7	铰轴连杆	防腐涂层					
8		焊缝					
9		结构件变形					
10		安装螺栓					
11		道岔转辙					
12	台车	防腐涂层					
13		焊缝					
14		结构件变形					
15		安装螺栓					
16		道岔转辙					
17	锁定装置	防腐涂层					
18		焊缝					
19		直插销					
20		导向滚轮与直插锁的间隙					
21		限位开关安装底座和限位开关安装					

表 F.1（续）

序号	检查项目		是否有异常（如有异常，请说明）	记录人及时间	处理方案	处理情况及处理时间	备注
22	驱动装置	安装螺栓					
23		道岔转辙					
24		防腐涂层					
25		焊缝					
26		驱动导轮与导槽的间隙					
27		安装螺栓					
28		道岔转辙					
29	梁上导轨	防腐涂层					
30		F型导轨和铝感应板					
31		安装螺钉和销钉					
32	基础和预埋件	防腐涂层					
33		螺母保护帽					
34		台车和限位装置					
35	电气控制系统	现地操作、强控和集中控制					
36		行程开关功能					
37		电动推杆					
38		驱动电机和减速机					
39		电源接触器					
40		急停按钮					
41		绝缘电阻					
42		位置显示					
43		转辙时间					

表 F.2 定期检查表

道岔编号：

序号	作业项目		是否完成		作业人员及时间	备注
			是	否		
1	道岔梁	轴承加注黄油				
2		减磨板、减磨套和自润滑拖垫的磨损量检查				
3	道岔梁	进行道岔梁的横向挠度和竖向挠度的检查				
4		F型钢的直线度、高程、轨缝、错位等进行1次复测				
5	铰轴连杆	轴承加注黄油				
6	台车	轨道表面涂抹黄油				
7		轴承加注黄油				
8		车轮的磨损检测				
9	驱动装置	直插销安装座滑动轴承的磨损情况				
10		直插销的磨损情况				
11		导向滚轮及滑动轴承的磨损情况				
12		导向轮和直插销涂抹黄油				
13		电动推杆维护保养				
14	驱动装置	摇臂导辊和耐磨板的磨损情况				
15		摇臂导辊轴承加注黄油				
16		减速电机、减速箱说明书进行维护保养				
17	电气控制系统	接触器的主接点和副接点的工作情况				
18		手动转辙试验				
19		易损易耗件更换				
20		电线和箱内配线检查				
21		双电源切换开关的切换试验				

表 F.3 大修记录表

道岔编号：

序 号	大修/更换零部件名称	更换原因		更换人及时间	备 注
		大修	因磨损需更换		
1					
2					
3					
4					
5					
6					
7					
8					
9					
10					
11					
12					

附录 G 接触轨设备数值表

表 G.1 接触轨系统电压值

系统电压值（V）		
额定电压	最高电压	最低电压
DC 1500	DC 1800	DC 1000

表 G.2 国标螺栓紧固力矩

螺栓直径（mm）	8	10	12	14	16	18	20	22	24
紧固力矩（N·m）	13	25	44	70	70	85	130	180	230

表 G.3 膨胀接头温度补偿表

长度 L 值（m）	温度（℃）																	
	85	80	75	70	65	60	55	50	45	40	35	30	25	20	15	10	5	0	−5
90	10	14.9	19.8	24.9	29.8	34.7	39.6	44.6	49.6	54.5	59.5	64.5	69.3	74.3	79.3	84.2	—	—	—
75	10	14.1	18.3	22.4	26.5	30.6	34.7	38.9	43	47.1	51.3	55.4	59.5	63.6	67.7	71.9	76	80.1	84.2

附录 H 接触轨记录表

表 H.1 接触轨停电工作票

接触轨工班　　作业令号_____　　　　　　　　　　第_____号

作业地点		发票人	
作业内容		发票日期	
工作票有效期	自	年　月　日　时　分至 年　月　日　时　分止	
工作领导人	姓名：	等级：	
作业组成员姓名 及安全等级 （安全等级写在括号内）			共计：　人
需停电的设备			
装设接地线的位置			
作业区防护措施			
其他安全措施			
变更作业组成员记录			
工作票结束时间			
工作领导人（签字）		发票人（签字）	
说明：本票用白色纸印绿色格和字。			

表 H.2 接触轨停电作业命令票

接触轨工班　　作业令号_____　　　　　　　　　　第_____号

命令编号：	
发令时间：	年　月　日　时　分
要求完成时间：	年　月　日　时　分
命令内容：	
批准时间：	年　月　日　时　分
发令人：	受令人：
消令时间：	年　月　日　时　分
消令人：	供电调度员：
说明：本票用白色纸印绿色格和字。规格：半幅 A4 纸。	

附录 I 接触轨维护周期表

表 I.1 月检内容表

序号	设备名称	维护项目	备注
1	双极电动隔离开关柜	1. 检查有无破损、裂纹等情况	
		2. 操作各铰接部位是否灵活	
2	手动隔离开关双极电动隔离开关柜	1. 检查有无破损、裂纹等情况	
		2. 操作各铰接部位是否灵活	
3	避雷器箱	1. 检查各连接处金属有无氧化	
		2. 接触应良好并涂复合脂	
		3. 检查各部位螺栓紧固情况	
		4. 检查紧固力矩符合规定	
4	分段绝缘器	1. 检查距轨面高度及平行轨面情况	
		2. 检查相对线路中心的位置	
		3. 检查与接触线接头、过渡状况	
5	中间接头	1. 检查接触轨的连接状态，紧固螺栓无有松动	
		2. 接头处绝缘支架和接触轨受力后无明显变形	
		3. 检查中心接头的卡块与绝缘支架的间隙	
6	膨胀接头	1. 检查膨胀接头有无过热变色、烧伤现象	
		2. 磨损是否均匀，补偿间隙过渡是否平滑	
		3. 所有紧固件是否松动，检查受流面与轨面的高度	
7	电缆连接板	1. 检查电缆接线板周围有无过热变色现象	
		2. 检查电缆接线板与接触轨的连接状态	
		3. 检查电缆接线端子与电缆接线板的连接是否牢固可靠	
		4. 电缆接线端子的压接处有无松动及异常	
8	绝缘支撑装置	1. 检查并对绝缘子进行全面的清扫工作	
		2. 检查绝缘器件是否有破损、裂纹等	
		3. 检查绝缘器件是否有烧伤，检测放电痕迹指标	
9	直流电缆	1. 检查连接电缆连接是否牢靠，有无缺失	
		2. 检查绝缘子是否脏污及放电情况	
		3. 检查电缆表面无破损、腐蚀、老化、变形等损伤	

表 I.2 半 年 检 内 容 表

序号	设备名称	维护项目	备注
1	双极电动隔离开关柜	1. 测试绝缘电阻是否符合规定	
		2. 检查触头接触情况等，触头涂凡士林	
		3. 电源及控制回流状态	
2	手动隔离开关双极电动隔离开关柜	1. 测试绝缘电阻是否符合规定	
		2. 检查触头接触情况等，触头涂凡士林	
		3. 电源及控制回流状态	
3	分段绝缘器	1. 检查导流板磨耗、测量角隙	
		2. 检查绝缘部件状态并清扫	
		3. 检查螺栓紧固状态并涂油防腐	
4	中间接头	1. 检查两连接板接触面应清洁，并涂导电膏	
		2. 检查紧固力矩符合规定	
		3. 检查各部位螺栓紧固情况	
5	膨胀接头	1. 补偿间隙的大小，与温度曲线核对	
		2. 检查电气连接状况是否符合要求	
		3. 检查紧固状况和螺栓涂油防腐情况	
		4. 检查紧固力矩是否符合规定	
6	电缆连接板	1. 检查电缆表面有无损伤，电缆固定是否稳固，电缆绝缘层有无老化变色及表皮剥落现象	
		2. 检查电缆接线板周围有无过热变色现象	
		3. 检查电缆接线板与接触轨的连接状态	
		4. 检查电缆的弯曲走向是否符合要求，电缆接线端子及电缆不应向走行轨中心倾斜	
7	绝缘支撑装置	1. 检查螺栓等紧固状况螺栓涂油防腐	
		2. 检查绝缘性能，测量空气安全距离是否符合规定	
8	直流电缆	1. 检查连接电缆连接是否牢靠，有无缺失	
		2. 检查绝缘子是否脏污及放电情况	
		3. 检查电缆和钢轨与汇流排接触良好	
		4. 检查各连接端子无腐蚀，并涂抹导电膏	

表 I.3 年 检 内 容 表

序号	设备名称	维护项目	备注
1	双极电动隔离开关柜	1. 检查有无破损、裂纹等情况	
		2. 检查操作各铰接部位是否灵活	
		3. 检查测试绝缘电阻是符合规定	
		4. 检查触头接触情况等，触头涂凡士林	

表 I.3（续）

序号	设备名称	维护项目	备注
1	双极电动隔离开关柜	5. 检查电源及控制回流状态	
		6. 检查绝缘瓷柱有无烧伤、破损、污垢等情况	
		7. 检查引线有无脱落、断股、散股、烧伤等情况	
2	手动隔离开关双极电动隔离开关柜	1. 检查有无破损、裂纹等情况	
		2. 检查操作各铰接部位是否灵活	
		3. 检查测试绝缘电阻是否符合规定	
		4. 检查触头接触情况等，触头涂凡士林	
		5. 检查电源及控制回流状态	
		6. 检查绝缘瓷柱有无烧伤、破损、污垢等情况	
		7. 检查引线有无脱落、断股、散股、烧伤等情况	
3	避雷器箱	1. 检查各连接处金属有无氧化	
		2. 接触面感应良好并涂复合脂	
		3. 检查各部位螺栓紧固情况	
		4. 检查紧固力矩符合规定	
		5. 检查引线有无烧损、裂纹、断股	
		6. 检查测试接地电阻是否符合设计规定	
		7. 检查电缆弛度应符合设计要求	
4	分段绝缘器	1. 检查距轨面高度及平行轨面情况	
		2. 检查相对线路中心的位置	
		3. 检查与接触线接头、过渡状况	
		4. 检查导流板磨耗、测量角隙	
		5. 检查绝缘部件状态并清扫	
		6. 检查螺栓紧固状态并涂油防腐	
5	钢铝复合轨	1. 检查有无变形、破损、磨损、灼伤等	
		2. 检查紧固力矩符合规定	
6	中间接头	1. 检查接触轨的连接状态，紧固螺栓有无松动	
		2. 接头处绝缘支架和接触轨受力后有无明显变形	
		3. 检查中心接头的卡块与绝缘支架的间隙	
		4. 检查两连接板接触面应清洁，并涂导电膏	
		5. 检查紧固力矩符合规定	
		6. 检查各部位螺栓紧固情况	
7	膨胀接头	1. 检查膨胀接头有无过热变色、烧伤现象	
		2. 磨损是否均匀，补偿间隙过渡是否平滑	
		3. 所有紧固件是否松动，检查受流面与轨面的高度	

表 I.3（续）

序号	设备名称	维护项目	备注
7	膨胀接头	4. 补偿间隙的大小，与温度曲线核对	
		5. 检查电气连接状况是否符合要求	
		6. 检查紧固状况螺栓涂油防腐	
		7. 检查紧固力矩符合规定	
8	电缆连接板	1. 检查电缆接线板周围有无过热变色现象	
		2. 检查电缆接线板与接触轨的连接状态	
		3. 检查电缆接线端子与电缆接线板的连接是否牢固可靠	
		4. 电缆接线端子的压接处有无松动及异常	
		5. 检查电缆表面有无损伤，电缆固定是否稳固，电缆绝缘层有无老化变色及表皮剥落现象	
		6. 检查电缆接线板周围有无过热变色现象	
		7. 检查电缆接线板与接触轨的连接状态	
		8. 检查电缆的弯曲走向是否符合要求，电缆接线端子及电缆不应向走行轨中心倾斜	
9	绝缘支撑装置	1. 检查对绝缘子进行全面的清扫工作	
		2. 检查绝缘器件是否有破损、裂纹等	
		3. 检查绝缘器件是否有烧伤，检测放电痕迹指标	
		4. 检查螺栓等紧固状况螺栓涂油防腐	
		5. 检查绝缘性能，测量空气安全距离是否符合规定	
		6. 检查并对绝缘子进行全面的清扫工作	
10	直流电缆	1. 检查连接电缆连接是否牢靠，有无缺失	
		2. 检查绝缘子是否脏污及放电情况	
		3. 检查电缆表面无破损、腐蚀、老化、变形等损伤	
		4. 检查连接电缆连接是否牢靠，有无缺失	
		5. 检查绝缘子是否脏污、是否有放电情况	
		6. 检查电缆和钢轨与汇流排接触良好	
		7. 检查各连接端子有无腐蚀，并涂抹导电膏	

附录 J 信号维护规范表

表 J.1 继电器主要维护内容及质量标准

修程	周期	检修内容	标准
维修	每年	加强接点继电器轮换测试维护	1. 机械和电气特性测试符合规定标准 2. 更换不良部件
		时间继电器检查、修理	1. 机械和电气特性测试符合电路技术标准 2. 校准延时参数

表 J.2 LED 信号机主要维护内容及质量标准

修程	周期	检修内容	标准
维修	每周	检查灯丝报警仪	无报警
	半年或一年	1. 外观检查	外观良好无损坏
		2. 机构和箱盒内清扫、检查	无尘
		3. 检查配线及引入线情况	配线无松动,引入线良好
		4. 各部螺丝紧固、注油	螺丝无松动
		5. 防水、防尘、防潮措施检查	符合要求
		6. 测量变压器输入电压	符合要求
		7. LED 检查	损坏率小于规定要求
		8. 机柱整治	机柱完好
		9. 检查、调整显示视角和距离	信号机无遮挡,行车信号和调车防护信号大于等于 400m;调车信号大于等于 200m
		10. 主机内部清洁	内部清洁无杂物

表 J.3 轨旁应答器主要维护内容及质量标准

修程	周期	检修内容	标准
维修	每天	外观检查	外观良好无损坏
	每月	1. 周围环境检查,如石块、金属件等	应答器周边无杂物
		2. 应答器及安装架固定螺栓是否牢固	各部件紧固
		3. 防水、防尘、防潮措施检查	符合相关标准
	每季	应答器安装架检查	良好无破损

表 J.4 计轴主要维护内容及质量标准

修程	周期	检 修 内 容	标 准
维修	每天	室内设备外观及运行状态检查	灯位显示正常，系统运行、通风散热正常
维修	每季	1. 磁头及轨旁箱盒连线固定检查	各部件紧固
		2. 轨旁箱盒内部检查	各螺丝、部件紧固，连线无破损，内部干燥
		3. 箱盒各部件防锈处理	对金属部件裸露部分涂油或喷漆
		4. 电缆检查	走线清晰、安装紧固、无破损、无侵限

表 J.5 电源设备主要维护内容及质量标准

修程	周期	检 修 内 容	标 准
维修	每周	1. 蓄电池外观检查	外观无异常，接线端子、地线无松动
		2. 电源屏监控单元检查	显示正常，无异常历史告警内容
		3. UPS 状态检查	状态正常
维修	每半年	1. 完成一级维修内容	同一级维修
		2. 蓄电池单元电压测试	电压正常
		3. 蓄电池放电测试	放电半小时后电压在规定范围
		4. 电源屏连接件及配件紧固	紧固
		5. 防雷检查	显示正常，无报警信息
		6. 内部除尘	无尘
		7. 两路电源切换试验	Ⅰ路和Ⅱ路电源可正常切换
		8. UPS 旁路试验、断电试验	功能、显示、报警提示正常
		9. 风扇检查	风扇运转正常
		10. 配线端子检查	无松动
		11. 电源模块均流和冗余功能测试	功能正常
中修		1. 完成二级维修内容	同二级维修
		2. 电源屏地线测试	对地电阻满足要求
		3. 电源屏对地绝缘测试	绝缘电阻满足要求
		4. 内部部件清洁检查	清洁

表 J.6 车载 ATP/ATO 主要维护内容及质量标准

类别	修程	周期	检 修 内 容	标 准
ATC 机柜	维修	每天	1. 检查各板件指示灯显示	灯位显示正常
			2. 检查子架固定螺栓	固定紧固
			3. 检查各模块面板上通信线、电缆、地线等	接头紧固，表面无损伤
			4. 下载定位数据搜集（LDC）数据	下载故障列车 LDC 数据
			5. 列车报警信息检查	在 ATS 工作站上查看列车报警信息

表 J.6（续）

类别	修程	周期	检修内容	标准
ATC机柜	维修	每月	1. 检查各板件指示灯显示	同一级维修
			2. 各模块及通讯线、电缆、地线表面除尘	表面无尘
			3. 各子架紧固	子架紧固无松动
		每季	1. 检查应答器天线输出功率	
			2. 检查应答器同轴电缆的电压驻波比	
			3. 检查无线天线同轴电缆的电压驻波比	
	中修		1. 完成二级维修所有内容	
			2. 板卡拆下清洁	板卡清洁
			3. 上试车线进行功能测试	各驾驶模式下ATP功能正常
TOD	维修	每天	1. 检查屏幕显示	显示清晰、图标完整
			2. 检查相关按钮检查灵敏度	反应正确、触点无漂移
			3. 表面除尘	无尘
		每季	检查背部电源接头和通信线接头	接头完好、紧固、无松动
应答器天线	维修	每天	1. 外观检查	外壳无明显损伤、螺栓紧固、标志准确
			2. 检查车底应答器天线连接电缆及接头	电缆外观无损伤，接头紧固
		每月	1. 完成一级维修内容	同一级维修
			2. 清洁部件表面	表面清洁
			3. 紧固固定螺栓	螺栓紧固、标志准确
无线	维修	每月	外观检查	表面无损伤、安装紧固、角度无倾斜
传感器	维修	每天	1. 检查速度传感器固定螺栓	无松动、标志准确
			2. 检查连接电缆及接头	电缆无损伤，接头紧固
		每月	1. 完成一级维修内容	同一级维修
			2. 清洁电缆和接头表面	表面清洁
			3. 紧固固定螺栓	螺栓紧固、标志准确
加速度计	维修	每月	紧固固定螺栓	螺栓紧固
		每年	水平测试	

表 J.7 ATS设备主要维护内容及质量标准

类别	修程	周期	检修内容	标准
服务器类	维修	每天	1. 外观检查	灯位显示正常，通过多电脑切换器（KVM）能正常操作登陆
			2. 表面除尘	无尘
			3. 检查服务器主备工作状态	工作状态正常
			4. 运行状态检查	运行记录数据正常
			5. 检查CPU、内存、硬盘、各进程状态	CPU、内存占用率≤80% 硬盘占用率≤80%

表 J.7（续）

类别	修程	周期	检修内容	标准
服务器类	维修	每月	1. 完成一级维修内容	同一级维修
			2. 内部部件紧固	部件紧固无松动
			3. 散热风扇功能检查	风扇运转正常
			4. 主备切换检查	能够正常切换
			5. 有计划重启相关服务器	重启后正常运行
	中修		1. 完成二级维修内容	同二级维修
			2. 服务器内部除尘	内部无尘
			3. 软件备份	软件升级前后备份
工作站类	维修	每天	1. 外观检查	显示、操作、使用功能正常
			2. 表面除尘	表面无尘
			3. 状态检查	打开正常、功能正常
			4. 维护工作站系统状态及状态栏检查	系统状态正常，状态栏无异常提示
			5. 运行图检查	当日运行图正常激活使用，运行图显示正常
		每月	1. 完成一级维修内容	同一级维修
			2. 风扇功能检查	风扇运转正常
			3. 工作站重启	重启后功能正常
			4. 时刻表一致性检查	中央、车站及维护工作站时刻表文件一致
	中修		1. 完成二级维修内容	同二级维修
			2. 服务器内部除尘	无尘
			3. 内部部件紧固（电源、硬盘、主板）	部件紧固无松动

表 J.8 设备主要维护内容及质量标准

类别	修程	周期	检修内容	标准
供电装置	维修	每天	1. 外观检查	灯位显示正常，通过KVM能正常操作登陆
			2. 表面除尘	无尘
			3. 运行状态检查	运行记录数据正常
		每半月	检测断路器外观和动作	工作状态正常
		每月	1. 完成一级维修内容	同一级维修
			2. 内部部件紧固	部件紧固无松动
			3. 散热风扇功能检查	风扇运转正常
		每三月	（双电源切换开关）双电源切换试验	切换后运行正常
驱动装置	维修	每半月	测量转辙电机、锁闭电机电流值	测量值位于正常范围
		每年	测量转辙电机、锁闭电机线圈绕组绝缘电阻	测量值位于正常范围

表 J.8（续）

类别	修程	周期	检修内容	标准
控制柜	维修	每天	1. 外观检查	灯位显示正常，通过KVM能正常操作登陆
			2. 表面除尘	无尘
			3. 运行状态检查	运行记录数据正常
		每半月	1. 测量柜内输入输出电压值	测量值位于正常范围
			2. 测量道岔转辙时间	转辙时间符合设计要求
			3. 检查控制柜内有无进水、锈蚀	无进水、锈蚀
			4. 检查控制柜内照明灯、指示灯、按钮、开关、显示器功能	显示正常
		每月	清洁控制柜内电气元件	无尘
		每年	1. 测量控制柜接地电阻	测量值位于正常范围
			2. 检查控制柜内配线、端子、标记外观和接线是否紧固	部件紧固无松动
			3. 检查控制柜内安装螺栓是否松动	
接触器	维修	每半月	检测接触器动作和触点外观	状态良好
安全型继电器	维修	每半月	检测安全继电器动作和触点外观	状态良好
		每年	测量继电器触点接触电阻	测量值位于正常范围
行程开关	维修	每半月	检查行程开关动作	状态良好，无卡阻
		每年	测量行程开关触点接触电阻	测量值位于正常范围
撞块	维修	每半月	检查行程开关与撞块的位置	位置符合设计要求